Educação Infantil:
da construção do ambiente
às práticas pedagógicas

Dados Internacionais de Catalogação na Publicação (CIP)
(Câmara Brasileira do Livro, SP, Brasil)

Medel, Cássia Ravena Mulin de A.
  Educação Infantil ; da construção do ambiente às práticas pedagógicas / Cássia Ravena Mulin de A. Medel. 4. ed. – Petrópolis, RJ : Vozes, 2014.

4ª reimpressão, 2019.

ISBN 978-85-326-4143-4

1. Educação de crianças 2. Educação Infantil 3. Pedagogia 4. Prática de ensino 5. Política educacional 6. Professores – Formação profissional
I. Título.

11-04256   CDD-371

Índices para catálogo sistemático:
1. Educação Infantil : Diretrizes pedagógicas : Educação   371

Cássia Ravena Mulin de A. Medel

Educação Infantil:
da construção do ambiente
às práticas pedagógicas

EDITORA
VOZES

Petrópolis

© 2011, Editora Vozes Ltda.
Rua Frei Luís, 100
25689-900 Petrópolis, RJ
www.vozes.com.br
Brasil

Todos os direitos reservados. Nenhuma parte desta obra poderá ser reproduzida ou transmitida por qualquer forma e/ou quaisquer meios (eletrônico ou mecânico, incluindo fotocópia e gravação) ou arquivada em qualquer sistema ou banco de dados sem permissão escrita da editora.

CONSELHO EDITORIAL

Diretor
Gilberto Gonçalves Garcia

Editores
Aline dos Santos Carneiro
Edrian Josué Pasini
Marilac Loraine Oleniki
Welder Lancieri Marchini

Conselheiros
Francisco Morás
Ludovico Garmus
Teobaldo Heidemann
Volney J. Berkenbrock

Secretário executivo
João Batista Kreuch

Editoração: Elaine Mayworm
Diagramação: Victor Mauricio Bello
Capa: Omar Santos

ISBN 978-85-326-4143-4

Editado conforme o novo acordo ortográfico.

Este livro foi composto e impresso pela Editora Vozes Ltda.

Sumário

Apresentação, 7

I. Criando um ambiente adequado e acolhedor, 9

II. Outros ambientes educativos dentro da escola, 41

III. O período de adaptação do aluno à escola, 165

IV. A organização do currículo e a formação para um mundo globalizado e plural, 167

V. A utilização da informática na Educação Infantil, 179

VI. Como trabalhar os sentidos, 185

VII. A língua escrita na Educação Infantil, 191

VIII. A importância do contato com os livros na Educação Infantil, 195

Referências, 219

Índice, 223

Dedico esta obra
ao meu marido José Antonio,
às minhas filhas Sylvia Maria e Laís,
aos meus pais Laercio e Marlena e
às minhas irmãs Fernanda e Flávia,
que sempre me incentivaram
a escrever artigos e livros sobre
Educação e outros.

Apresentação

Este livro foi escrito com o objetivo de levar às instituições de ensino que possuem a Educação Infantil, e aos profissionais que atuam nesta área, uma visão de que é possível realizar um trabalho com crianças de zero a seis anos de idade e obter resultados produtivos e positivos a partir do desenvolvimento de estratégias, de maneira organizada e prazerosa. Tudo isso num ambiente adequado e harmonioso, para que a educação ocorra de maneira eficaz e o ensino seja verdadeiramente de qualidade.

A autora

I

Criando um ambiente adequado e acolhedor

1 O trabalho com cantinhos

De acordo com a Lei de Diretrizes e Bases da Educação Nacional (LDB) 9.394/96, na Seção II, artigos 29, 30 e 31, "a Educação Infantil, primeira etapa da Educação Básica, tem como finalidade o desenvolvimento integral da criança até os seis anos de idade, em seus aspectos físico, psicológico, intelectual e social, complementando a ação da família e da comunidade. A Educação Infantil será oferecida em creches, ou entidades equivalentes, para crianças de quatro a seis anos de idade". Na Educação Infantil, a avaliação far-se-á mediante acompanhamento e registro de seu desenvolvimento sem o objeto de promoção, mesmo para o acesso ao Ensino Fundamental. O educador que atua neste segmento de ensino, deverá sempre refletir acerca de sua prática pedagógica, requisito essencial ao seu crescimento profissional. Deverá também conscientizar-se da grande importância de seu trabalho.

A Educação Infantil é uma fase fundamental para o desenvolvimento global da criança nos aspectos socioafetivo, cognitivo, psicomotor e psicológico. Nesta fase, a criança será preparada para a aprendizagem da leitura e da escrita na fase da alfabetização (1° ano do Ensino Fundamental) e a aquisição dos pré-requisitos necessários para a referida aprendizagem.

Segundo Winnicott (1982: 214), "a função da Escola Maternal não é ser um substituto para uma mãe ausente, mas suplementar e ampliar o papel que, nos primeiros anos da criança, só a mãe desempenha. Uma Escola Maternal, ou jardim de infância, será possivelmente considerada, de modo mais correto, uma ampliação da família 'para cima', em vez de uma extensão 'para baixo' da escola primária".

O surgimento da Educação Infantil deve-se ao fato das mulheres necessitarem buscar seu espaço no mercado de trabalho. Daí o importante papel social que esta educação desempenha. No entanto, o papel desta não deve ser considerado como o de substituir as mães, como disse Winnicott, já que isso provocaria uma desvalorização dos profissionais que aí atuam.

A escola hoje deve estar preparada para receber todos os alunos com e sem necessidades educativas especiais, como, por exemplo, os cadeirantes, os que se locomovem com o auxílio do andador e outros. Desse modo, a escola deve possuir rampas de acesso às salas de aula com corrimão, ao invés de escadas, e banheiros adequados a tais necessidades. As portas das salas e dos banheiros devem ser mais largas do que as normais para que os alunos cadeirantes possam passar.

A sala de aula constitui um ambiente educativo relevante, pois é lá que as crianças se encontram diariamente e compartilham suas experiências de aprendizagem, e aprendem.

É importante que as crianças possam desenvolver-se com segurança e confiança dentro da sala; por este motivo deve-se cuidar para que tanto o equipamento material como os recursos que estiverem à disposição do grupo estejam de acordo com suas características de desenvolvimento e aprendizagem, a fim de que possam ser manipulados e utilizados de forma autônoma por elas.

A escola deverá cuidar para que a sala de aula cumpra com condições de segurança, iluminação, ventilação, higiene e funcionalidade. Isso quer dizer que todo o mobiliário e recursos de aprendizagem que se encontram dentro deste espaço devem estar em bom estado, não conter substâncias tóxicas, não ter bordas afiadas e estar limpos. É muito importante que o mobiliário possa deslocar-se e oferecer diversas possibilidades de uso para facilitar o desenvolvimento de diversas experiências de aprendizagem e formas de agrupar as crianças.

Junto com as condições de segurança e a higiene que deve haver, é fundamental que a sala seja acolhedora e significativa, de maneira que o grupo se identifique com o ambiente.

Para isso, é imprescindível que as crianças possam participar de sua organização, dando ideias de como ambientar a sala e sobre que espaços se possam criar no interior da mesma, que recursos podem ser necessários, participando de sua elaboração, entre outros. Por exemplo, poderiam confeccionar um porta-lápis e criar um quadro para a organização das atividades diárias.

Outro fator que contribui para criar um ambiente de bem-estar, onde as crianças possam desenvolver-se de forma autônoma, com segurança e confiança, é a necessária estabilidade que se requer na distribuição do mobiliário e do equipamento dos materiais na sala.

Na sala de aula podem-se definir espaços de caráter permanente e/ou transitório, dependendo da mobilidade educativa que o educador adote. Alguns exemplos de espaços permanentes são a rodinha ou círculo de conversação e os cantinhos. Como espaços transitórios, podemos mencionar as áreas que se organizam para diferentes fins por um tempo determinado, como, por exemplo, valores pátrios, resgate histórico e acontecimentos notáveis ocorridos em determinada data.

A partir do planejamento, o educador, junto à coordenadora pedagógica, deverá decidir que disposição dará ao mobiliário, mesas, cadeiras e outros, como organizarão o grupo e como devem ser as interações para facilitar a mediação e favorecer a aprendizagem das crianças. Este aspecto é muito importante, já que o ambiente constitui o cenário em que se desenvolvem as experiências de aprendizagem e, caso não se planeje adequadamente, pode-se obstruir o desenvolvimento da criança. É importante que o educador atue com flexibilidade, realizando adaptações necessárias para oferecer experiências de aprendizagem pertinentes ao grupo de crianças.

Para organizar o ambiente educativo, é preciso levar em conta os seguintes aspectos:

É muito importante que o ambiente e sua organização tenham significado para as crianças e tenham relação com suas necessidades e interesses. Por essa razão, é fundamental torná-los participantes das decisões que serão tomadas a respeito, e explicar o sentido de cada uma delas. Por exemplo, no que diz respeito à ambientação da sala, será muito mais significativo se as crianças decidirem e criarem elas mesmas, mais ainda se estiver sendo feito baseado em seus próprios trabalhos.

A organização do ambiente educativo, tanto interno como externo, deverá promover a convivência das crianças entre si e com os adultos a cargo do processo educativo, favorecendo as interações positivas baseadas no respeito mútuo, na resolução pacífica de conflitos, na expressão e respeito pelos próprios sentimentos e pelos dos demais, e no trabalho colaborativo. *As normas, limites e regras que se utilizarão para organizar o grupo de crianças adquirem um valor educativo somente num contexto de afeto, respeito e clareza.*

A qualidade das interações que o adulto estabelece coletiva e individualmente com as crianças é fundamental para promover segurança e confiança sobre as capacidades para aprender. Considerando que se aprende com outros, as interações contribuem para a coconstrução das aprendizagens, pelo que o educador, em seu papel mediador, junto com conceder intenção educativa às experiências que realiza com crianças, deve favorecer o papel ativo e protagônico dos que aprendem.

Existe abundante evidência empírica que afirma que todas as crianças, não importa sua origem, têm o mesmo potencial de aprendizagem. As expectativas que o educador tem sobre as possibilidades de aprender de cada uma das crianças se constituem em fator determinante para promover mais e melhores aprendizagens.

Do mesmo modo, é importante expressar explicitamente afeto e aprovação num contexto em que se privilegiam os aspectos emocionais nas relações interpessoais.

O espaço da sala de aula deve permitir o livre deslocamento das crianças, de modo que possam interagir entre elas e utilizá-lo de acordo com suas necessidades e interesses. É importante que os materiais estejam ao seu alcance e que tenham uma localização estável e conhecida pelas crianças, de modo que possam utilizá-los livremente e participar de sua organização e cuidado.

Ao organizar o ambiente educativo, o educador deve cuidar para que exista um equilíbrio entre os núcleos de aprendizagem que favoreçam os recursos que servem para desenvolver diferentes experiências pedagógicas. Dessa forma, será possível que as crianças exercitem suas aprendizagens em relação aos eixos de aprendizagem que lhes são mais difíceis.

Como o ambiente educativo é um relevante contexto para a aprendizagem, o educador deverá decidir como pode contribuir a partir da organização da sala de aula e dos recursos de aprendizagem para favorecer as ênfases curriculares que forem definidas em função do currículo que a escola propõe, em função do seu grupo de alunos.

Para potencializar a linguagem verbal que faz parte do currículo escolar e iniciar os alunos na leitura e na escrita, o educador deve criar um ambiente culturalmente estimulante, que lhes permita ter contato com a linguagem escrita e utilizá-la com variados propósitos, além de experimentar os desafios que propõe a linguagem quando é utilizada em situações reais.

Para este propósito, sugerimos a organização do cantinho de leitura, o qual será abordado mais detalhadamente adiante.

É importante que os livros estejam exibidos permanentemente, sendo acrescentados títulos novos, com um critério claro de organização (por tamanho, tema, personagem principal) e ao alcance das crianças, de modo que possam utilizá-los de forma autônoma.

O cantinho de leitura pode ser enriquecido com outros tipos de textos, como gibis, contribuições das famílias dos alunos (transitoriamente) ou livros criados pelos próprios alunos, com textos que fazem parte da vida cotidiana, como, por exemplo, lista telefônica, jornais, revistas, folhetos etc.

É necessário criar recursos que permitam ter um registro das leituras que estiverem sendo realizadas. Dentre eles, o educador pode confeccionar cartões e/ou livros em conjunto com os alunos nos quais constem palavras e expressões da língua portuguesa e que sirvam como apoio ao trabalho acerca da leitura. Alguns exemplos de expressões podem ser os cumprimentos: Oi! Olá! Bom-dia! Boa-tarde! Boa-noite! Lamentos, como: Ai! Ui! Pedido de socorro: Socorro! Chamamento: Ei!, entre outros. Podem ser utilizadas também palavras para descrever os personagens de uma história.

Os recursos de apoio para a aprendizagem tanto material (papel, cartolinas, colorsets, lápis, canetas, tesoura etc.) como didática devem estar ao alcance das crianças para facilitar sua confecção, exploração e experimentação.

No que diz respeito ao aspecto físico, a sala de aula de Educação Infantil deve ser ampla e pode ser montada em um único ambiente ou em mais de um. Deve ser reservado um espaço para a "rodinha", onde serão realizadas as atividades do cotidiano, como: chamada, calendário, contação de histórias, canto de músicas e outras.

A sala poderá conter os "cantinhos": o da leitura, da matemática, das ciências, da história e geografia, das artes, da psicomotricidade, da dramatização, por exemplo:

O Cantinho da Leitura: deverá incluir livros de história de papel, de tecido, de plástico e outros materiais, revistas em quadrinhos, e livros confeccionados pelos próprios alunos e por seus familiares.

O Cantinho da Matemática: poderá incluir jogos relativos à disciplina, como, por exemplo: dominós, baralho, jogo da memória, ábacos, cuisenaire, material dourado, numerais em lixa e outros que poderão ser adquiridos ou confeccionados pelo próprio educador e pelos educandos. Poderá ser montado um minimercado com estantes incluindo embalagens vazias de produtos e uma "caixa registradora".

O Cantinho das Ciências: poderá incluir livros referentes à disciplina, como, por exemplo, livros e revistas sobre dinossauros, plantas, animais, seres vivos e outros;

experiências realizadas pelos alunos, como o plantio do feijão; um terrário; um aquário, por exemplo.

O **Cantinho de História e Geografia:** poderá incluir materiais como quebra-cabeças do mapa do município onde os alunos residem e outro do Brasil, confeccionados pelo professor e pelos alunos, no caso do Pré III, e uma maquete dos planetas da galáxia, incluindo o planeta em que vivemos, a Terra, utilizando bolas de isopor de tamanhos diversos para representarem os planetas.

O **Cantinho de Artes:** deverá incluir materiais necessários para os alunos realizarem atividades de artes, como, por exemplo: tinta guache, pintura a dedo, anilina dissolvida no álcool, massa de modelar, revistas para recorte, tesouras, cola, folhas brancas para desenho, lápis de cor, giz de cera, hidrocor e outros.

O **Cantinho da Psicomotricidade:** poderá conter materiais como tênis (de madeira) com cadarço para o aluno aprender a amarrar, telaios (material montessoriano) com botões, colchetes, velcron (para as crianças aprenderem a utilizá-los), tabuleiro de areia, materiais e jogos de encaixe, de "enfiagem", como, por exemplo, para enfiar os macarrões ou contas no barbante para trabalhar a motricidade refinada das crianças.

O Cantinho da Dramatização: poderá incluir um espelho afixado de acordo com o tamanho das crianças, trajes dentro de um baú, como, por exemplo, fantasias, acessórios como chapéus de mágico, de palhaço, enfim, de diversos tipos, cachecóis, echarpes, bijuterias, estojo de maquiagem, kit para mágicas e outros. Poderá ser construído um pequeno tablado de madeira ou de cimento no qual as crianças poderão apresentar as dramatizações.

O mobiliário deverá ser adequado ao tamanho das crianças: mesas, cadeiras, estantes, gaveteiros (para guardar o material pessoal dos alunos: escova de dentes, creme dental, pente ou escova de cabelos, avental e outros), cavalete de pintura e outros.

Os murais da sala poderão ser confeccionados com materiais como cortiça, no estilo flanelógrafo, utilizando tecido próprio, onde deverão ser expostos os trabalhos dos alunos: pesquisas, exercícios, atividades de artes e outros. O quadro de giz também deverá ser afixado de acordo com o tamanho dos alunos.

Todo material que for afixado na parede, como por exemplo: murais, quadros de chamada, de giz, linhas do tempo, janelinhas do tempo, calendários, cartazes e outros, deverão ser colocados de acordo com o tamanho dos alunos, para que estes possam visualizar.

As paredes da sala devem ser de cores claras, pois, além de clarearem o ambiente, "passam" tranquilidade às crianças.

É fundamental que haja um cantinho reservado para colocar colchõezinhos, caso alguma criança adormeça, pois nessa fase algumas ainda dormem durante o dia. É necessário também o travesseirinho e uma manta ou edredon para os dias mais frios.

Alguns materiais inclusos no Cantinho de Artes que deverão ser disponibilizados para as crianças, como massa de modelar, pintura a dedo, poderão ser adquiridas em papelarias ou confeccionadas pelo próprio educador (cf. receitas mais adiante), folhas de revista que possam ser rasgadas pelas crianças e depois coladas numa folha branca, tesoura e cola para recorte e colagem.

No Cantinho de Psicomotricidade deverão estar macarrões em forma de argola ou as próprias argolas, para serem enfiadas num barbante ou outro tipo de linha pelas crianças.

Outra atividade que os pequenos gostam muito e que poderá ser realizada pelo educador é a dramatização cujos personagens são os dedos dos alunos, utilizando caneta hidrocor ou guache colorida; as crianças realizarão dramatizações utilizando os dedos como personagens das histórias. Elas poderão utilizar também nas dramatizações fantoches de dedos confeccionados com tecido como, por exemplo, feltro, o qual poderá ser adquirido em papelarias.

O teatro de sombras também poderá ser utilizado pelos educadores e pelos educandos usando as mãos e dedos destes para formar os personagens atrás de uma tela construída com papel sulfite.

Outra atividade que poderá ser realizada é o jogo da mímica, utilizando a linguagem corporal, principalmente as mãos e os dedos do educador e das crianças. O educador poderá fazer gestos com as mãos que representem ações para que as crianças descubram qual é a ação que está sendo praticada. Depois, uma criança realizará a mímica e as demais terão que descobrir qual é a ação que está sendo feita. Atividades de modelagem na argila também poderão ser utilizadas.

O uso dos dedos nos telaios[1] (material montessoriano) de botões (para aprender a abotoar e desabotoar), de colchetes (para aprender a abrir e fechar os colchetes), de velcron, de cadarço (para aprender a amarrar cadarço) e outros também é valioso nesse momento de aprendizagem.

As atividades que envolvem os movimentos dos dedos das mãos são fundamentais para o desenvolvimento da motricidade refinada das crianças na Educação Infantil. O educador que atua neste segmento deverá trabalhar esse tipo de motricidade refinada, pois este é um pré-requisito fundamental para a aquisição da escrita posteriormente.

---

1. Material constituído por uma moldura de madeira, tecido costurado ao quadro com botões, colchetes, velcron, cadarço e outros.

1.1 Ambientação

A ambientação consiste em oferecer condições ao espaço educativo de modo que reúna as condições adequadas para que se desenvolva o processo de aprendizagem. Uma ambientação adequada, a partir de recursos selecionados pelo educador com uma clara intenção pedagógica, facilita o processo de aprendizagem. É importante que o ambiente tenha uma conotação educativa e não decorativa. As ilustrações que se pretenda utilizar devem ser de qualidade, sem estereótipos e que considerem elementos da cultura nacional e/ou local.

Todos os recursos visuais devem localizar-se dentro do campo visual das crianças e à sua altura, de modo que possam interagir com eles. Os recursos que estiverem ao alcance das crianças devem reunir condições de segurança e higiene que lhes permita manipulá-los com segurança.

Um aspecto importante a considerar é não ter ambientes educativos sobrecarregados de enfeites e ilustrações. É mais importante a qualidade dos recursos de que se disponha para a ambientação. Um ambiente sobrecarregado cansa e tensiona as crianças e os adultos na sala.

Os recursos devem renovar-se periodicamente em função do avanço do processo educativo. Uma estratégia que contribui para dar maior significado à ambientação é que a elaboração dos recursos concretos, que se incorporem à sala, seja feita com a participação dos alunos. Essa participação implica que compreendam para que servem os recursos que estão elaborando e não apenas participem de sua construção.

É vital considerar a ambientação da sala para potencializar as ênfases curriculares que forem definidas no projeto político-pedagógico[2], as quais serão desenvolvidas nas escolas. Considerando a relevância da iniciação à leitura, o educador deverá refletir sobre como a ambientação pode contribuir, por exemplo, para introduzir a criança na linguagem escrita a partir de um ambiente contextualizado.

Para ambientar a sala, podem-se utilizar diversos tipos de recursos, tais como exibição de DVDs, quadros-murais exibindo os trabalhos das crianças, músicas, entre outros. O educador deve cuidar para que todos estes recursos sejam significativos para o grupo de crianças, que tenham relação com seus conhecimentos e experiências prévias. É necessário também que o educador os utilize durante a jornada com um sentido pedagógico, apoiando as crianças.

No caso dos elementos que ficam por maior tempo na sala, é necessário mantê-los em bom estado e limpos.

O educador deve procurar fazer com que os recursos selecionados para ambientar a sala se relacionem com as experiências de aprendizagem efetivadas. No momento de definir os recursos para ambientar a sala, o educador

---

2. Cf. desta autora: *Projeto político-pedagógico*: construção e implementação na escola. Campinas: Autores Associados, 2008.

deverá perguntar-se previamente que aprendizagens pretende favorecer nas crianças utilizando elementos como: móveis, murais, quadros etc.

1.2 Introdução à Matemática

É muito importante que no trabalho com os alunos o educador esteja ciente de que cada criança tem seu ritmo, o qual deverá ser respeitado, da mesma forma que sua cultura. Segundo Piaget, "a individualização deve ser entendida como uma tentativa de se fazer o que é melhor para cada criança – o que faz mais pelo seu desenvolvimento posterior". Isto, às vezes, consistirá em atividades individuais e, outras vezes, em atividades em grupo. As atividades serão selecionadas ora pelo aluno individualmente, ora pelo professor ou pelo grupo.

Outro ponto fundamental é que o educador deve trabalhar as noções ou conceitos matemáticos com a criança sempre utilizando o concreto. Para isso, apresentamos a seguir algumas sugestões de materiais e jogos que poderão ser utilizados pelo educador e confeccionados por ele próprio.

- **Dominó**

Eixo de trabalho: Matemática.

Objetivo: Reconhecer e identificar os números e quantidades representadas por eles e associar os números às quantidades correspondentes.

Número de participantes: Grupo (3 a 4 alunos).

Tempo de preparação: 10 minutos.

Tempo de execução: de 20 a 30 minutos.

Como confeccionar o material:

1) Utilizando cartolina colorida (colorset), escreva, recorte e cole números de 1 a 9, sendo que uma das peças deverá ficar com um espaço em branco, pois será a que corresponderá ao número 0. Ao lado destes números, com uma linha os separando, deverão ser colocadas as quantidades representadas por meio de animais ou outra coisa, que deverão ser colados, carimbados ou desenhados, formando assim peças de um dominó.

2) Com os números e as quantidades (figura de animais, por exemplo), um ao lado do outro, misturados.

3) Plastifique as peças utilizando contact transparente. Recorte-os.

Modo de jogar: Os alunos deverão jogar como se estivessem jogando um dominó.

- **Formando conjuntos humanos**

Eixo de Trabalho: Matemática.

Objetivo: Reconhecer, identificar e formar conjuntos; reconhecer os tipos de conjuntos; identificar o número de elementos dos conjuntos.

Número de participantes: Todos os alunos.

Tempo de Preparação: 10 minutos.

Tempo de execução: 20 minutos.

Como formar os conjuntos:

Solicitar às crianças que se agrupem formando um conjunto de meninos e um conjunto de meninas. Num segundo momento, solicitar que se agrupem de acordo com a altura, ou seja, meninos altos e meninos mais baixos. Colocar barbante em volta dos grupos de conjuntos, formando os diagramas. Formar um conjunto de professoras. Perguntar às crianças quantos elementos tem esse conjunto. Elas responderão um elemento, então dizer que este é o conjunto que chamamos de conjunto unitário, isto é, aquele que possui um único elemento.

- **Associe ao número**

Eixo de trabalho: Matemática.

Objetivo: Reconhecer, identificar os números e quantidades representadas por eles e associar os números às quantidades correspondentes.

Número de participantes: Individual.

Tempo de preparação: 20 minutos.

Tempo de execução: 10 minutos.

Como confeccionar o material:

1) Encape uma caixa de camisa ou uma caixa menor com papel ofício branco ou AP 24 branco, colocando dez divisórias separadas por cartolina branca ou papel-cartão branco.

2) Escreva em dez cartões de cartolina branca ou papel-cartão branco números de 0 a 9 e cole um número em cada divisão, respeitando a sequência numérica.

3) Separe lápis de cor ou outro material, se preferir: um lápis na cor azul, dois na cor amarela, três na cor vermelha, quatro na cor marrom, cinco na cor verde, seis na cor laranja, sete na cor preta, oito na cor rosa, nove na cor roxa.

Modo de jogar:
Cada criança deverá colocar as quantidades de lápis da mesma cor onde estiver cada número correspondente.

- **Ábacos**

Eixo de trabalho: Matemática.

Objetivo: Reconhecer e identificar as quantidades e a ordem sequencial.

Número de participantes: Individual.

Tempo de preparação: 40 minutos.

Tempo de execução: 5 minutos.

Como confeccionar o material:

1) Para a confecção deste material, será necessária a ajuda de um marceneiro, que deverá confeccionar uma placa de madeira que será a base. Em cima da base, deverão ser afixadas nove varetas.

2) Deverão ser confeccionadas argolas de madeira: uma na cor vermelha, duas na cor azul, três na cor amarela, quatro na

cor verde, cinco na cor laranja, seis na cor roxa, sete na cor rosa, oito na cor cinza e nove na cor marrom.

Modo de jogar:

Cada aluno deverá, individualmente, encaixar as argolas coloridas em cada vareta formando a sequência de números de 1 a 9 e encaixando em cada vareta argolas de uma única cor.

- **Numerais em lixa**

Eixo de trabalho: Matemática.

Objetivo: Preparar os alunos para a escrita dos algarismos, mostrando por onde iniciamos a escrita de cada um deles.

Número de participantes: Todos os alunos.

Tempo de preparação: 50 minutos.

Tempo de execução: 20 minutos.

Como confeccionar o material:

Adquirir nove placas de eucatex de 17x22cm ou nove pedaços de papelão grosso do mesmo tamanho. Recortar e colar nove pedaços de lixa do mesmo tamanho e não muito grossa: número 80 ou número 100. Em seguida, recortar nove pedaços de cartolina branca ou de papel-cartão, recortando algarismos no centro de cada placa, de modo que fiquem vazados. Escrever e recortar algarismos de 1 a 9 em cartolina colorida (colorset), de preferência de uma cor forte, como verde ou azul escuro, por exemplo (evitar fazer na cor amarela, pois esta é mais difícil de o aluno visualizar). Estes algarismos de colorset deverão ser encaixados na cartolina branca ou no papel-cartão e deverão ser retirados cada vez que alguma criança for passar o próprio dedo sobre a lixa, mostrando o movimento por onde se deve iniciar a escrita do algarismo. Em seguida, pedir a cada criança, individualmente, que repita o que foi feito pelo professor.

- **Construindo conjuntos**

Eixo de trabalho: Matemática.

Objetivo: Reconhecer, identificar e formar conjuntos; reconhecer os tipos de conjuntos; identificar o número de elementos de cada conjunto e o conjunto vazio.

Número de participantes: Individual ou em grupo.

Tempo de preparação: 10 minutos.

Tempo de execução: 15 minutos.

Como construir os conjuntos:

Utilizando giz de cera, lápis de cor, tampinhas de refrigerantes ou outro material que possa ser agrupado, forme conjuntos colocando barbante em volta de cada um deles para formar os diagramas. Se quiser, pode colorir o barbante com guache ou cola colorida. Os conjuntos deverão ter de 1 a 9 elementos, inicialmente. Depois, pode-se acrescentar o conjunto vazio, que não terá nenhum elemento dentro dele, mas isso só deverá ser feito numa etapa posterior. Os conjuntos poderão ser formados nas mesas ou no chão da sala de aula.

- **Jogo: Amarelinha**

Eixo de trabalho: Matemática.

Objetivo: Reconhecer e identificar os números.

Número de participantes: Grupo (3 a 4 alunos).

Tempo de preparação: 10 minutos.

Tempo de execução: 20 minutos.

Como confeccionar o material:

Pinte uma Amarelinha com tinta óleo no chão da sala de aula ou do pátio, por exemplo.

Modo de jogar:

Cada jogador deverá jogar a pedra em cada número de 1 a 8, um de cada vez, e ir pulando de um pé só até chegar ao "céu" (que fica no final da Amarelinha, depois de todas as casas). O jogador que chegar ao "céu" primeiro, sem errar, ganhará o jogo.

- **Relógio de folhas de revista**

Eixo de trabalho: Matemática.

Objetivo: Reconhecer e identificar as horas.

Número de participantes: Individual ou em grupo.

Tempo de preparação: 40 minutos.

Tempo de execução: 20 a 30 minutos.

Materiais: Folhas de revista coloridas; lápis preto; cola branca; papel-cartão; placa de E.V.A. com 0,3cm de espessura na cor verde, azul escuro ou vermelha, de preferência; alfinete para mapa e tesoura.

Como confeccionar o material:

1) Solicite aos alunos que façam 30 roletes (canudos de papel) utilizando as folhas de revista. Para isso, devem enrolá-las na diagonal e, no momento em que chegarem ao fim, devem fixar as pontas com cola.

2) A seguir, dê aos alunos, já desenhado, um retângulo de papel-cartão de 17,5x22cm. Caso seja necessário, ajude-os. Peça aos alunos para colarem os roletes neste espaço, um ao lado do outro, de maneira que fiquem juntos, o mais próximo possível. Solicite a eles que aparem as laterais com a tesoura para que todos os canudos fiquem do mesmo tamanho.

3) Peça aos alunos para escrever os números arábicos de 1 a 12 na placa de E.V.A. e, em seguida, para recortar os números.

4) A seguir, os alunos deverão colar os roletes ou canudos sobre o retângulo de papel-cartão.

5) Solicite que colem os números de 1 a 12, de acordo com qualquer relógio. (Mostre a eles um relógio de parede para visualizarem a disposição dos números.)

6) Peça a eles para colocarem os ponteiros um em cima do outro, com o alfinete do mapa. Eles deverão encontrar o centro do relógio e furá-lo com o alfinete, ou, se for difícil para eles, o professor deverá fazer isso para fixar os ponteiros.

7) O relógio poderá ser pintado pelos alunos com cola colorida ou guache, pintando os roletes, ou, se preferirem, ele poderá ficar na cor original das revistas.

• **Jogo: Tabuleiro de formas geométricas**[3]
Eixo de trabalho: Matemática.

Objetivo: Reconhecer e identificar as figuras geométricas: quadrado, triângulo, retângulo e losango.

Número de participantes: 2 alunos.

Tempo de preparação: 40 minutos.

Tempo de execução: 20 minutos.

Materiais: 1 tábua quadrada com 18x18cm de lado e espessura entre 1,5cm e 3cm; régua; lápis preto; borracha; 25 pregos finos de 2,5 ou 3cm; 1 prego maior; martelo; elásticos coloridos de tamanhos diversos.

Como confeccionar o material:

1) O professor deverá marcar na tábua, com o lápis, linhas paralelas de 3 em 3cm, na vertical e na horizontal.

2) Na interseção das linhas, onde elas se cruzam, ele deverá marcar os 25 pontos fazendo um furo com o prego maior.

3) Apagar as linhas de marcação.

Pregar os 25 pregos nos furos marcados, deixando aproximadamente 1cm de fora.

---

3. Os alunos deverão representar as figuras geométricas encaixando os elásticos coloridos nos pregos.

Modo de jogar:
Um aluno falará o nome de uma figura geométrica e outro deverá representá-la, utilizando o elástico colorido para desenhá-la na tábua; vencerá aquele que conseguir desenhar corretamente as figuras solicitadas, o maior número de vezes, ou seja, quem obtiver o maior número de acertos.

• **Minimercado**

Eixo de trabalho: Matemática.

Objetivo: Aprender a comprar e vender produtos; reconhecer e identificar o dinheiro brasileiro (cédulas e moedas); aprender a pagar; dar troco e conferir se o troco está correto; aprender a "calcular" o que pode comprar com o dinheiro que tem e economizar nas compras.

Número de participantes: Grupos de 6 alunos: um será o caixa do minimercado e cinco serão os compradores.

Tempo de execução: 20 a 30 minutos.

Como montar o minimercado:
1) Solicitar aos alunos, demais professores e funcionários que levem para a escola embalagens vazias de produtos que são vendidos no supermercado, como, por exemplo: sabão em pó, manteiga, margarina, detergente, desinfetante, leite (em caixa), refrigerante, entre vários outros produtos.

2) Arrumar, juntamente com os alunos, os produtos em prateleiras, agrupando os produtos por seções: Seções de Pro-

dutos de Limpeza; Seção de Gêneros Alimentícios; Massas; Pães, Bolos, Biscoitos e outros; Seção de Laticínios: leite, queijo, manteiga, margarina, requeijão e outros; Seção de Utensílios do Lar: copo, talheres, xícaras, entre outros.

3) Confeccionar uma caixa registradora e colocar dentro dela cédulas em miniatura encapadas com contact transparente e moedas.

4) Adquirir alguns carrinhos e cestinhas de supermercado de plástico, em miniatura, para os "fregueses" utilizarem para as compras.

1.3 A brinquedoteca

1.3.1 A importância do trabalho com o lúdico

De acordo com Piaget, não existe nada que a criança precise saber que não possa ser ensinado brincando. Se alguma coisa não é possível de transformar-se em jogo (problemas, desafios), certamente não será útil para a criança nesse momento.

Segundo Vygotsky, "no processo de desenvolvimento a criança começa usando as mesmas formas de comportamento que outras pessoas inicialmente usaram em relação a ela. Isto ocorre porque, desde os primeiros dias de vida, as atividades da criança adquirem um significado próprio num sistema de comportamento social, refratadas a partir de seu ambiente humano, que a auxilia a atender seus objetivos. Isto vai envolver comunicação, ou seja, fala".

Vygotsky criou um conceito para explicitar o valor da experiência social no desenvolvimento cognitivo. Segundo ele, há uma **zona de desenvolvimento proximal**, que se refere à distância entre o nível de desenvolvimento atual – determinado por meio da solução de problemas sob a orientação de adultos ou em colaboração com crianças mais experientes. Ainda de acordo com Vygotsky:

A brincadeira fornece, pois, ampla estrutura básica para mudanças da necessidade e da consciência, criando um novo tipo de atitude em relação ao real. Nela aparecem a ação na esfera imaginativa numa situação de faz de conta, a criação das intenções voluntárias e a formação dos planos da vida real e das motivações **volitivas**, constituindo-se, assim, no mais alto nível de desenvolvimento pré-escolar.

Conforme Mello e Lakatos, os benefícios da brincadeira espontânea são cada vez mais reconhecidos por diferentes campos da ciência. De acordo com Friedmann, pesquisas da neurociência, por exemplo, mostram que a variedade de estímulos nos primeiros anos aumenta a formação de circuitos cerebrais, ampliando o potencial da criança no desenvolvimento de suas capacidades.

Os ganhos na brincadeira são muitos e podem se estender diferentes aspectos do desenvolvimento cognitivo: atribuir significados e estabelecer relações entre objetos, personagens e enredos nas brincadeiras exige esforço mental da criatividade e do raciocínio abstrato. A interação com outras crianças estimula ainda mais essas habilidades, pois implica comporem relações, sequências, roteiros e hierarquias que se rearranjam de acordo com as intervenções de cada um. Na brincadeira, aprende-se que deslizes e tropeços são naturais e que há momentos para liderar e ser liderado. É uma diversidade indispensável em uma sociedade como a nossa.

Ao brincarem, os alunos desenvolvem-se em todos os aspectos:

Social: Na brincadeira, a criança precisa tomar decisões que levam em conta as expectativas e necessidades do grupo. Desse modo, ela internaliza práticas essenciais nas relações humanas, como esperar a vez e discutir regras.

Emocional: A alternância de papéis nas fantasias leva à percepção de experiências e sentimentos sob novas perspectivas. Assim, a criança consegue lidar com emoções que não compreende e extravasa angústias que ainda é incapaz de traduzir em palavras.

Físico e motor: Correr, pular, escorregar, trepar são formas de descobrir e explorar os limites do corpo, enquanto experimentações – como ir mais rápido ou mais devagar, saltar mais alto ou mais baixo – fortalecem noções de espaço, força e velocidade.

A Educação Infantil tem como finalidade propiciar às crianças assistência e educação, visando suprir as necessidades básicas de cada faixa etária e possibilitar seus desenvolvimentos físicos, psicológicos, intelectuais e sociais.

Desse modo, a escola deve educar a criança em sua totalidade, promovendo sua autonomia e preparando-a para o mundo, além de proporcionar, diariamente, oportunidades de expressão e desenvolvimento afetivo e emocional a partir de brincadeiras livres e atividades dirigidas.

A escola hoje pode preparar um espaço onde a criança possa brincar, tendo acesso a uma grande diversidade de brinquedos e jogos educativos. Este espaço deverá ser montado de modo a convidar o aluno a explorar, sentir, experimentar, divertir-se, trabalhando de forma lúdica.

Para que este espaço atenda adequadamente os alunos e ofereça um atendimento de qualidade, a escola deverá:

1) organizar o espaço;

2) escolher o acervo;

3) catalogar o acervo;

4) solicitar ao professor que administre, gerencie e planeje as atividades que serão desenvolvidas;

5) solicitar ao professor que registre e avalie as atividades desenvolvidas e os alunos.

Entre os materiais que podem constar no acervo, estão: jogos de encaixe, quebra-cabeças, dominós, jogos de memória, varetas (não deverá ser oferecido para os alunos mais novos), dedoches de animais, frutas, legumes, meios de transporte, meios de comunicação e outros (de acordo com o que estiver sendo trabalhado com o aluno naquele momento).

Além dos materiais que deverão estar inclusos no acervo e à disposição do aluno para que este os utilize livremente, de acordo com sua preferência, o educador poderá oferecer atividades como: dobraduras, tangran, confecção de máscaras, bonequinhos de pano, confeccionados pelo professor ou adquiridos em papelarias ou lojas de brinquedos, jogos confeccionados pelos alunos e professores com sucatas, como, por exemplo, dominó com tampinhas de refrigerante ou caixas de fósforos, jogo da memória com tampinhas de refrigerante ou caixas de fósforos, jogo do pião, peteca, ioiô, bonequinha de milho, Mané gostoso (boneco de madeira que gira em torno de um barbante), boliche confeccionado com latas de Nescau pintadas, instrumentos musicais como chocalho, tambor, violão etc., bonecos e bonecas, carrinhos, minissinuca.

A seguir, apresentamos alguns títulos de CDs que poderão ser utilizados pelo educador na brinquedoteca:

Fantoches de dedos: *Canções de ninar* (Sandra Peres e Paulo Tatit), *Canções do Brasil* (Crianças brasileiras), *Cantigas de roda* (Hélio Zishind), *A Arca de Noé* (Vinícius de Moraes e Toquinho).

Folclore: *Abra a roda tindolelê* (Lydia Hortélio e Antonio Nóbrega), *Um Brasil de festas* (Mário Rogério), *Infantil*, Coleção Millenium (Vários cantores de MPB), CDs da cantora Bia Bedran, *Histórias gudórias* (Francisco Marques) (Chico dos Bonecos), *O grande circo místico* (Edu Lobo e Chico Buarque nas vozes de vários cantores), *Quero passear* (Grupo Rumo), *O cordeiro da lã dourada* (Os trovadores), CDs *Xuxa para baixinhos*, *Abra a roda tindolelê* (Lydia Hortélio e Antonio Nóbrega).

Caso a escola não disponha de uma brinquedoteca ou de um espaço que possa ser reservado à mesma, o educador poderá disponibilizar brinquedos, jogos e atividades que envolvam brincadeiras na própria sala de aula. O importante é que estas atividades sejam sempre oferecidas aos alunos na escola como prioritárias.

II

Outros ambientes educativos dentro da escola

O desenvolvimento de experiências educativas não deve restringir-se à sala de aula; o educador de alunos da Educação Infantil deverá decidir o planejamento, se o ambiente dentro ou fora da escola oferece as melhores possibilidades para enriquecer as experiências de aprendizagem e favorecer a mediação destas.

Dentro da escola existem outros espaços que constituem ambientes educativos na medida em que as crianças desenvolvam neles experiências de aprendizagem. Entre eles, podemos mencionar a sala de informática, a biblioteca, o pátio, a brinquedoteca (quando a escola possuir uma) e os banheiros destinados às crianças deste segmento de ensino, entre outros. Sabendo que os últimos são de maior risco para a integridade física de crianças, devem unir as condições de segurança, higiene e funcionalidade, citados anteriormente, e o educador deve cuidar para que estas se cumpram.

É necessário que, quando a criança vá ao banheiro, o educador promova a autonomia, de modo que ela mesma possa cuidar de sua higiene pessoal de forma progressiva. Por outro lado, é fundamental ensiná-la as normas de comportamento no banheiro, explicando os cuidados que devem ter para desenvolver as atividades ali, sem riscos.

O ideal é que os banheiros estejam localizados junto às salas de aula dos pequeninos, mas, quando isso não for possível, a escola deve procurar cuidar para que os banheiros fiquem o mais próximo das salas, a fim de facilitar o deslocamento das crianças até lá.

Para executar as atividades de higiene e cuidado com o corpo, as crianças devem contar com os acessórios necessários: pasta de dente, escova dental, copo, pente ou escova de cabelos e toalha pequena.

O educador deve buscar estratégias para que possam utilizá-los por si mesmos, de forma adequada, cuidando de sua utilização pessoal e dispor de um lugar adequado para guardá-los.

Em relação ao pátio, é fundamental que este seja organizado em diferentes áreas que favoreçam diversos "núcleos de aprendizagem" e tipos de experiências. Sugere-se que, dentro do possível, conte com áreas verdes, horta, setor de jogos, setor de areia com materiais como ferramentas de jardim, pás, baldes e regadores que permitam cuidar das plantas, jogar, brincar com areia, entre outras. Também é interessante incluir brinquedos como trepa-trepa, escorrega, entre outros, para que as crianças possam brincar e desenvolver os grandes movimentos. Mas é imprescindível que sejam brinquedos que ofereçam toda a segurança, que não apresentem nenhum risco das crianças se machucarem.

É adequado contar com um espaço fechado e coberto que permita às crianças saírem para o recreio fora da sala, inclusive nos dias de chuva, e que as proteja do sol nos dias ensolarados. A ideia é que este espaço favoreça o livre deslocamento das crianças e lhes permita correr e brincar em grandes ou pequenos grupos, sem riscos de acidentes.

2 Trabalhando a psicomotricidade

É fundamental que o educador da Educação Infantil trabalhe o aspecto psicomotor com os alunos.

Este trabalho pode ser iniciado com as crianças bem pequenas, pedindo que caminhem dentro de um espaço determinado, que pulem, saltem, corram, abaixem-se e levantem-se a partir de jogos como "Macaco mandou", por exemplo, onde o professor será o macaco e "mandará" os alunos executarem os movimentos: caminhar, parar, correr, saltar, pular, abraçar o colega, abaixar, levantar, e assim por diante.

Outra brincadeira que poderá ser realizada é "Batatinha frita 1, 2, 3", na qual o professor falará: "Batatinha frita 1, 2, 3" e enquanto isso os alunos caminharão na direção do professor, até que um deles chegue próximo ao mestre e encoste-se a ele. Este aluno vencerá a brincadeira.

O professor pode pedir aos alunos que se arrastem como jacaré e mostrar primeiro como deverão fazê-lo. Depois que engatinhem, dizendo que deverão imitar cachorrinhos, gatinhos ou ursinhos, por exemplo.

Outra atividade que poderá ser realizada é o professor pedir que os alunos rolem, em cima de colchõezinhos de ginástica ou de dormir, para um lado e depois para o outro. Inicialmente, o professor deverá mostrar aos alunos como deverão fazer.

As atividades de pular corda, pular elástico, bambolear, utilizando bambolês, corrida de saco, pular como canguru, dança das cadeiras e outras, também poderão ser realizadas.

Para trabalhar a **noção espacial** e a **noção de trânsito**, o professor poderá confeccionar carros com caixas de papelão, papel silhueta colorido, colorset preto, papel laminado dourado e barbante. O professor abrirá a caixa de papelão, de modo que a criança possa "vesti-la", isto é, ficar dentro dela. A partir daí, encapar a caixa com papel silhueta colorido. Desenhar e recortar quatro círculos no papel colorset preto para serem os pneus do carro e colá-los na parte de baixo da caixa. Desenhar e recortar quatro círculos no papel laminado dourado e colá-lo nas partes da frente e de trás da caixa. O barbante deverá ser recortado e colado como duas alças para segurarem a caixa. O professor será o guarda de trânsito e alguns alunos serão motoristas. Outro grupo de alunos será os pedestres. Deverão ser confeccionados dois semáforos. Um para motoristas e outro para pedestres.

Os semáforos poderão ser confeccionados com colorset preto, vermelho, amarelo e verde ou caixas de papelão revestidas com papel silhueta nas mesmas cores.

O professor deverá pintar a rua no chão do pátio ou em papel AP 24 ou papel pardo e este deverá ser colado no chão.

Os alunos, juntamente com o professor, simularão uma ação no trânsito.

2.1 A música na Educação Infantil

Segundo o Dicionário Escolar da Língua Portuguesa, da Academia Brasileira de Letras (2008), música é o "conjunto de sons, vocais ou instrumentais, ordenados harmoniosamente segundo determinadas regras de estrutura e de continuidade. Arte de expressar-se através dessa combinação harmoniosa de sons. Interpretação de uma composição musical: concerto de música instrumental. Notação escrita de uma composição musical; partitura. Peça musical, composta ou executada, acompanhada ou não de letra. Sequência de sons agradáveis de ouvir; melodia, harmonia, musicalidade".

A música alegra e também acalma. E é por isso que ela é fundamental nas salas de Educação Infantil. Deve estar inclusa na rotina diária dos alunos dos três aos seis anos de idade.

Assim como a contação de histórias, deve estar inserida no planejamento diário do professor da Educação Infantil.

O educador deve trabalhar com a música cantando-a com os alunos, colocando CDs para que ouçam enquanto estiverem realizando outras atividades, oferecendo "instrumentos musicais" confeccionados com sucatas, como, por exemplo: chocalhos, tambores, pratos e outros. Podem ser utilizados também violões, guitarras, flautas etc., formando uma "bandinha".

A seguir, apresentamos alguns exemplos de atividades com música que o educador poderá desenvolver com os alunos:

1) ouvir e/ou cantar durante as atividades de artes;

2) ouvir acalanto durante as atividades de relaxamento;

3) ouvir música suave nos momentos de harmonização;

4) ouvir músicas de diferentes ritmos e criar coreografias;

5) ouvir, cantar e dançar músicas folclóricas;

6) ouvir, cantar e brincar com cantigas de roda;

7) sonorizar palavras e frases;

8) criar expressão gestual para músicas infantis;

9) participar da bandinha rítmica;

10) cantar em situações diversas.

Na hora da rodinha, o educador deve sempre cantar diferentes músicas com os alunos. Este procedimento estimulará os alunos e os acalmará para que estejam bem atentos no momento da aprendizagem.

Apresentamos, a seguir, alguns títulos de *cantigas de roda e brinquedos cantados* que os educadores poderão utilizar com os alunos e pedir que estes façam uma dramatização do que for sendo cantado, cujas letras poderão ser encontradas no site http://www.qdiverte.com.br/cantigas.php

1) *A arca de Noé* (Vinícius de Moraes);

2) *A barata mentirosa*;

3) *A barca virou*;

4) *A canoa virou*;

5) *A galinha do vizinho*;

6) *A machadinha*;

7) *A velha a fiar*;

8) *Ai, eu entrei na roda*;

9) *Alecrim*;

10) *Anoiteceu*;

11) *Atirei o pau no gato*;

12) *Balaio*;

13) *Barata*;

14) *Bela pastora*;

15) *Bicharia* (Enriquez e Bardotti – versão de Chico Buarque, 1977, para o musical *Saltimbancos*);

16) *Boi da cara preta*;

17) *Bom velhinho / Sapatinho de Natal* (Octávio Filho);

18) *Borboleta*;

19) *Borboletinha*;

20) *Brilha, brilha lá no céu*;

21) *Cabeça, ombro, perna e pé*;

22) *Cachorrinho está latindo*;

23) Cantigas juninas:

- *Noites de junho* (João de Barro e Alberto Ribeiro);
- *Chegou a hora da fogueira* (Lamartine Babo);
- *Cai, cai balão* (domínio público);
- *Olha pro céu, meu amor* (José Fernandes e Luiz Gonzaga);
- *Sonho de papel* (Alberto Ribeiro);
- *Capelinha de melão* (domínio público);
- *Pula fogueira* (Getúlio Marinho e João B. Filho);
- *Balão vai subindo* (domínio público);
- *Isto é lá com Santo Antônio* (Lamartine Babo);

24) *Capelinha de melão*;

25) *Caranguejo*;

26) *Casinha*;

27) *Cirandinha*;

28) *Coelhinho*;

29) *Dona Aranha*;

30) *Então é Natal* (John Lennon e Yoko Ono; versão Cláudia Rabello);

31) *Escravos de Jó*;

32) *Eu vi o sapo*;

33) *Fui ao tororó*;

34) *Fui na Espanha*;

35) *Glória*;

36) *Indiozinhos*;

37) *Janelinha*;

38) *João trabalha com um martelo*;

39) *Mamãe*;

40) *Marcha soldado*;

41) *Margarida*;

42) *Meu limão*;

43) *Mineira de Minas*;

44) *Minha gatinha parda*;

45) *Na Bahia tem*;

46) *Na mão direita*;

47) *Natal Branco – White Christmas* (música de Irving Berlin; versão de Marino Pinto);

48) *Natal das crianças*

49) *Noite Feliz* (F. Gruber & J. Mohr, 1818; vers. port.: P. Sinzig);

50) *O balão vai subindo*;

51) *O cravo e a rosa*;

52) *O meu chapéu*;

53) *O Natal existe! Quero ver* (Edson Borges);

54) *O sapo não lava o pé*;

55) *O sítio do Seu Lobato*;

56) *Onde está a Margarida?*

57) *Papagaio louro*;

58) *Passa, passa,gavião*;

59) *Peixe vivo*;

60) *Peixinho no aquário*;

61) *Pião*;

62) *Pintinho amarelinho*;

63) *Pintor de Jundiaí*;

64) *Pirulito*;

65) *Pobre e rica*;

66) *Pombinha branca*;

67) *Roda pião*;

68) *Rosa juvenil*;

69) *Sabiá*;

70) *Sai piaba*;

71) *Samba lelê*;

72) *Sapo Cururu*;

73) *Se esta rua fosse minha*;

74) *Senhora Dona Sancha*;

75) *Serra, serra, serrador*;

76) *Sinos de Belém*;

77) *Terezinha de Jesus.*

No site http://www.letras.terra.com.br/cantigaspopulares/ poderão ser encontradas as cantigas populares:

1) *A barraquinha*;

2) *A boneca*;

3) *A praia*;

4) *A rosa amarela*;

5) *A roseira*;

6) *Boi barroso;*

7) *Bolinho de arroz;*

8) *Brincadeiras de roda;*

9) *Cadê?;*

10) *Comer, comer;*

11) *Criança;*

12) *Doidas andam as galinhas;*

13) *Domingo;*

14) *Fonte do Itororó;*

15) *Lavar os dentes;*

16) *Manda tiro tiro lá;*

17) *Mestre André;*

18) *Meu gatinho;*

19) *Meu lanchinho;*

20) *Nana nenên;*

21) *Não atire o pau no gato;*

22) *O meu boi morreu;*

23) *O meu chapéu tem três pontas;*

24) *O meu galinho;*

25) *O mar enrola na areia;*

26) *O passarinho prisioneiro;*

27) *Parabéns pra você;*

28) *Pastorzinho;*

29) *Quem é de Valentim?*

30) *Roda pião;*

31) *Sabão cra-crá;*

32) *São João Dararão*;
33) *Sonhei com você*;
34) *Tomatinho feliz*;
35) *Tutu marambá*;
36) *Vai abóbora*;
37) *Vamos maninha*;
38) *Viuvinha*.

No site http://www.mensagensdacultura.com.br/Cantigas DeRoda.pdf poderão ser encontradas as cantigas:
1) *Criança não trabalha*;
2) *Era uma casa*;
3) *Lá em casa*;
4) *Mamãezinha do meu coração*;
5) *Marinheiro só*;
6) *Peraltices de Saci*;
7) *Pulga / Torce, retorce*;
8) *Seu Alfredo Baila*;
9) *Sopa*.

No site http://www.alzirazulmira.com/cantigas.htm poderão ser encontradas as cantigas:
1) *Nesta rua*;
2) *O pobre cego*.

No site http://www.taturana.com/cantigas.htm#2 poderá ser encontrada a cantiga:
1) *Lá vem Seu Juca*.

No site http://www.seed.pr.gov.br/portals/portal/usp/ primeiro_trimestre/sons/infantil/pandalele_letras.html poderão ser encontradas as seguintes cantigas:

1) *A caminho de Viseu*;
2) *A serpente*;
3) *Ip op*;
4) *Lá em cima do piano*;
5) *Milho cozido/ Cumadre cumpadre*;
6) *Objeto*;
7) *Pandalelê*;
8) *Tô no molhado*;
9) *Ua Tatá e Aram sam sam*;

e outras que apresentaremos a seguir.

Com a cantiga *Anel de pedra verde*, cuja letra poderá ser encontrada no site http://www.seed.pr.gov.br/portals/usp/ primeiro_trimestre/sons/infantil/pandalele_letras.html, o educador poderá desenvolver a seguinte atividade com os alunos:

Todos em roda. A roda gira para a direita ou para a esquerda enquanto as crianças cantam a 1ª estrofe da música. Ao iniciar a 2ª estrofe, a roda para e todos seguem os comandos sugeridos pelo texto da música: No trecho em que diz "ora de frente pra frente", as crianças deverão ir para o centro da roda e bater duas palmas, no ritmo, junto com o "pra frente" e, quando cantarem "ora de trás pra trás", deverão repetir a ação, só que batendo palmas de costas para o centro da roda.

A brincadeira *A carrocinha*, cuja letra poderá ser encontrada no mesmo site citado ou no site http://www.qdivertido.com.br/cantigas.php, poderá iniciar-se com todos os alunos em roda. O educador deverá escolher três para serem os "cachorros". Estes deverão ir para a carrocinha.

No brinquedo *Bate o monjolo*, cuja letra poderá ser encontrada no site: http://www.seed.pr.gov.br/portals/portal/usp/primeiro_trimestre/sons/infantil/pandalele_letras.html os alunos deverão sentar em roda e escolher um para ficar no centro, de olhos fechados. Quem estiver na roda deverá colocar a mão esquerda, aberta, sobre o joelho do colega da esquerda. A mão direita, em forma de pinça, vai se mover de um lado para outro. O movimento será semelhante ao bater de um pilão. O aluno que estiver no centro deverá ficar de olhos fechados durante o tempo combinado. Enquanto todos cantarem a música e fizerem o movimento de um lado para o outro – de sua mão à mão do colega – uma moeda deverá passar de mão em mão. Essa moeda poderá ser passada de qualquer lado. Depois de cantar a música algumas vezes, todos deverão se calar e fechar as mãos para esconder a moeda. A brincadeira deverá continuar e, quem estiver com a moeda, deverá ir para o centro da roda.

No brinquedo *Carneirinho, carneirão*, cuja letra poderá ser encontrada no site: http://www.qdivertido.com.

br/cantigas.php o educador poderá agrupar os alunos em roda ou espalhados, e estes deverão cantar a música fazendo os gestos correspondentes. Por exemplo: Ao cantarem "olhai pro céu..." deverão olhar pro céu; ao cantarem "Para todos se ajoelharem", deverão se ajoelhar, e assim sucessivamente. O educador poderá criar outros "comandos" para cantar com os alunos e imitar, fazendo gestos como cumprimentar, beijar, pular esconder etc.

No brinquedo *Casinha de bambuê*, cuja letra poderá ser encontrada no site http://www.seed.pr.gov.br/portals/usp/primeiro_trimestre/sons/infantil/pandalele_letras.html as crianças poderão sentar em roda, ou ficar espalhadas. Todos os alunos deverão recitar o texto fazendo movimentos livres ou dançando. Uma criança começa a conduzir a brincadeira, dando à música vários ritmos e andamentos para que todos o acompanhem. Ao terminar a recitação, todos fazem estátuas virtuais.

Na brincadeira *Corre cotia*, cuja letra poderá ser encontrada no site http://www.seed.pr.gov.br/portals/usp/primeiro_trimestre/sons/infantil/pandalele_letras.html inicialmente, o educador deverá escolher um objeto (um lenço, um papel, uma bola etc.). Todos os alunos ficarão sentados em roda, de olhos fechados. Um deles ficará com o lenço na mão e deverá correr em volta da roda, enquanto os outros cantam ou recitam o texto/a música. Quando terminarem de cantar ou recitar, o lenço deverá ser colocado atrás de alguém da roda. Todos abrirão os olhos e quem estiver com o objeto atrás deverá apanhá-lo e correr para pegar quem o colocou. Se quem estiver com o lenço conseguir pegar o outro, antes que ele sente em seu lugar, ele deverá ir para o centro da roda e todos começarão a falar: *"galinha choca, comeu minhoca, saiu pulando feito pipoca!"* Se aquele que colocou o lenço conseguir sentar primeiro no lugar do outro, será o próximo a ficar segurando o lenço e correr por trás da roda para recomeçar a brincadeira.

Dica: Durante o canto ou recitação do texto, é importante que todos da roda fiquem de olhos fechados para que a brincadeira fique mais divertida.

No brinquedo *Da abóbora faz melão*, cuja letra poderá ser encontrada no site http://www.qdivertido.com.br/cantigas.php o educador solicita aos alunos para fazerem uma roda e pede que um deles saia dançando pelo centro, enquanto canta-se a música. Ao chegar ao trecho "faz doce, Sinhá", a criança deverá parar na frente de outra e fazer gestos com as mãos mostrando uma panela. O aluno que a outra criança parou em frente deverá imitar uma cozinheira mexendo doce na panela. Quando chegar ao trecho da música "quem quiser dançar", os alunos que estiverem uns de frente para os outros, deverão dar as mãos ou o braço e ir dançando até o centro da roda. Ao chegar ao trecho "ele pula, ele roda, ele faz requebradinha", eles deverão ficar um de frente para o outro e fazer o que a letra da música estiver dizendo. Quando a música recomeçar, estes dois alunos deverão sair pela roda e convidar mais dois alunos para entrarem na brincadeira. Esta continuará até que todos entrem na roda.

Na brincadeira *Fui ao mercado*, cuja letra poderá ser encontrada no site http://www.qdivertido.com.br/cantigas. php as crianças em roda ou espalhadas, cantam a música fazendo gestos e movimentos para representar cada trecho da canção. Por exemplo: No trecho em que as crianças cantam "E eu sacudi, sacudi, sacudi", elas podem se sacudir, pular etc.

No brinquedo *Lá vem o Seu Noé*, cuja letra poderá ser encontrada no site http://www.saudeanimal.com.br/cantiga3.htm os alunos espalhados cantam a música fazendo os gestos correspondentes a cada trecho da canção.

Na brincadeira *Pai Francisco*, cuja letra poderá ser encontrada no site http://www.qdivertido.com.br/cantigas.php o educador solicitará aos alunos que formem uma roda. Um aluno deverá ficar no centro e será o "Pai Francisco". Este dramatizará o que for cantado pelos colegas. Quando estiverem cantando a segunda estrofe da canção, os alunos deverão parar de girar a roda e bater palmas no ritmo da canção.

No brinquedo *Passarás*, cuja letra poderá ser encontrada no site http://www.letras.terra.com.br/cantigaspopulares/ duas crianças serão escolhidas para comandarem a brincadeira e deverão escolher como irão se chamar: pimenta ou algodão; maçã ou banana; ouro ou prata etc. Elas decidirão o que irão fazer e não poderão contar para ninguém. Depois elas deverão ficar uma de frente para a outra, dando as mãos e erguendo os braços, formando, desta forma, um "túnel". As demais crianças deverão ficar em fila e passar por baixo do "túnel" cantando a canção. Ao final do verso, as crianças que estiverem formando o túnel "prenderão" com os braços quem estiver embaixo do túnel e perguntarão em voz muito baixa, para que os outros não escutem, se ela quer "pimenta" ou "algodão". O jogador responderá baixinho e irá para trás daquela criança que escolheu.

A brincadeira continuará até quando chegar ao último da fila. Ao final, devem-se contar quantas crianças ficarão atrás de cada criança e o vencedor será aquele que tiver mais crianças atrás de si.

Na brincadeira *Tic tac carambola*, cuja letra poderá ser encontrada no site http://www.seed.pr.gov.br/portals/usp/

primeiro_trimestre/sons/infantil/pandalele_letras.html os alunos deverão fazer uma roda, ficar sentados ou de pé. Um aluno apontará para os outros, no ritmo da música, enquanto todos a cantam. Quando a música acabar, a criança estará apontando para alguém que deverá sair da roda. A brincadeira terminará quando ficar apenas um aluno.

No brinquedo *Mazu*, cuja letra poderá ser encontrada no mesmo site citado, todos deverão fazer uma roda. Um aluno sai passando por dentro e por fora, fazendo um ziguezague em todos da roda, enquanto cantam "para dentro e para fora". Quando começarem a cantar "eu limpo essa janela", o aluno que saiu deverá fazer movimentos com as mãos diante dos companheiros, imitando o que o texto estiver pedindo. No momento em que cantarem "eu pego um companheiro...", ele escolhe um outro colega e, enquanto eles cantam "eu danço engraçadinho...", deverão dançar um de frente para o outro, no centro da roda. Ao recomeçar a música, o que saiu primeiro volta para a roda e outro continuará a brincadeira fazendo os mesmos gestos.

Na brincadeira *Periquito*, cuja letra poderá ser encontrada no mesmo site também, os alunos deverão fazer uma roda. Um deles irá até o centro da roda, enquanto todos cantarão a primeira estrofe. Ao final desta e início da segunda estrofe, a pessoa do centro deverá parar na frente de alguém da roda e, com os dedos polegares das duas mãos, os dois farão o que o texto sugere: "para cima, para baixo..." Ao terminar esta estrofe, os dois alunos sairão de braços dados para o centro da roda e todos deverão cantar juntos a primeira parte. Quando voltar à segunda, cada um desses dois escolherá mais outros dois para fazer os gestos com os polegares, repetindo a música até que todos os alunos fiquem no centro da roda.

No brinquedo *Pisa no chiclete*, cuja letra poderá ser encontrada ainda no mesmo site, todos os alunos deverão ficar em roda, cantar a música e fazer o que se pede:

1) "pisa no chiclete" – todos põem o pé para a frente e fingem "pisar no chiclete";

2) "dá uma rodadinha" e "chifre de unicórnio" – representa-se da mesma forma que pede o texto;

3) "coci, coci..." – todos deverão pular cruzando e descruzando as pernas, parecendo "polichinelos", sem os movimentos dos braços.

Quando terminar a música, todos deverão parar e quem estiver com as pernas abertas (descruzadas) deverá ir até o centro da roda, rebolar até chegar ao chão. Nesse momento, os alunos deverão cantar uma música para esta pessoa rebolar. Em seguida, ela deverá retornar à roda, continuando a brincadeira. Algumas vezes se poderá variar o andamento ao cantar a música, cantando-a mais rápido ou lentamente.

Na brincadeira *Tumbalacatumba*, cuja letra poderá ser encontrada no site http://www.seed.pr.gov.br/portals/usp/primeiro_trimestre/sons/infantil/pandalele_letras.html todas as crianças deverão estar espalhadas e deitadas no chão para brincar. Antes de começarem a cantar a música, pode-se dar uma pequena introdução como: "Era meia noite, num cemitério bem sombrio, um homem com uma faca na mão... passava manteiga no chão". Cada aluno, então, "se transforma em uma caveira" e, a cada estrofe, de forma livre, todos deverão fazer os movimentos de acordo com o que se pede na letra da música.

No brinquedo *Seu lobo*, cuja letra poderá ser encontrada no site http://www.qdivertido.com.br/cantigas.php um aluno é escolhido para ser o lobo e ficar dentro da roda e outro aluno é escolhido para ficar fora da roda. Aquele que está fora canta a parte da música que diz "vamos passear no bosque..."; os alunos que estiverem formando a roda deverão responder falando o que o lobo estiver fazendo e, o aluno escolhido para ser o lobo deverá fazer gestos, respondendo às perguntas. Quando a música terminar e as crianças falarem "está abrindo a porta...", a roda deverá se abrir e o lobo correrá atrás do aluno para pegá-lo.

As crianças poderão entrar e sair da roda até que um seja pego. Depois serão escolhidos outros alunos para serem o "lobo" e o que vai fugir dele.

No site http://www.kboing.com.br/canais/cantigas-de-roda/ poderão ser ouvidas as seguintes cantigas de roda:

1) *A aranha*;
2) *A bandinha*;
3) *A barata*;
4) *A canoa virou*;
5) *A carrocinha*;
6) *Dona Aranha*;
7) *A galinha do vizinho*;
8) *A loja do Mestre André*;
9) *A-E-I-O-U*;
10) *A-do-le-ta*;
11) *Adeus Ano Velho, feliz Ano Novo*;
12) *Ai bota aqui*;
13) *Alecrim dourado*;
14) *Atirei o pau no gato*;
15) *Bicharia*;
16) *Boi da cara preta*;
17) *Boi Janeiro*;
18) *Boneca de lata*;
19) *Borboletinha*;
20) *Brilha, brilha estrelinha*;
21) *Cachorrinho está latindo*;
22) *Cai, cai balão*;
23) *Capelinha de melão – Faz doce*;
24) *Caranguejo não é peixe*;

25) *Carneirinho, carneirão;*
26) *Chinês;*
27) *Cinco patinhos;*
28) *Ciranda, cirandinha;*
29) *Coelhinho;*
30) *Coelhinho da Páscoa;*
31) *Criança feliz;*
32) *De marré, marré;*
33) *Deixei meu sapatinho;*
34) *Desencosta da parede;*
35) *Direita, esquerda;*
36) *Dona Baratinha;*
37) *Dona Pulga;*
38) *Dorme, filhinho;*
39) *É hora de lanchar;*
40) *Enquanto o seu lobo não vem;*
41) *Era uma casa muito engraçada;*
42) *Escravos de Jó;*
43) *Escravos de Jó* (versão 2);
44) *Eu entrei na roda;*
45) *Eu fui no Tororó;*
46) *Eu perdi o dó da minha viola;*
47) *Eu sou pobre, pobre;*
48) *Fom, fom;*
49) *Formiguinha;*
50) *Fui ao mercado;*

51) *Fui morar numa casinha*;

52) *Jacaré polo*;

53) *Juju sossega*;

54) *Lavar as mãos*;

55) *Lenga-lengas*;

56) *Linda rosa juvenil*;

57) *Lobo mau*;

58) *Macaquinho, macacão*;

59) *Machadinha*;

60) *Marcha soldado*;

61) *Marinheiro só*;

62) *Meu burro*;

63) *Meu galinho*;

64) *Meu lanchinho*;

65) *Meu limão, meu limoeiro*;

66) *Minhoca*;

67) *Motorista*;

68) *Na Bahia tem*;

69) *Na tribo eles vivem*;

70) *Nana nenê*;

71) *Nesta rua*;

72) *Noite Feliz*;

73) *O anel que tu me deste*;

74) *O balão vai subindo*;

75) *O barulho da chavinha*;

76) *O circo*;

77) O coelhinho;

78) O cravo brigou com a rosa;

79) O meu boi morreu;

80) O meu chapéu tem três bicos;

81) O palhacinho;

82) O sapo não lava o pé;

83) O sapo uá quá-quá;

84) O trem de ferro;

85) Oh, Suzana;

86) Olá coleguinha;

87) Onde está a Margarida;

88) Os dedinhos;

89) Os indiozinhos;

90) Os sentidos;

91) Pai Francisco;

92) Palminhas;

93) Papagaio louro;

94) Passa, passa gavião;

95) Passarás, não passarás;

96) Pato pateta;

97) Peixe vivo;

98) Peixinhos do mar;

99) Pezinho;

100) Pintinho amarelinho;

101) Pintinho fujão;

102) Pirulito que bate, bate;

103) *Piuí, piuí, piuí;*

104) *Pombinha branca;*

105) *Que lindos olhos;*

106) *Ratinho bonitinho;*

107) *Rosa amarela;*

108) *Sai piaba;*

109) *Samba lelê;*

110) *São João Dararão;*

111) *Sapo jururu;*

112) *Sapo na lagoa;*

113) *Se você está contente;*

114) *Senhora Dona Sancha;*

115) *Seu Lobato;*

116) *Seu Noé;*

117) *Terezinha de Jesus;*

118) *Tra lá lalá;*

119) *Você gosta de mim?*

120) *Xique-xique.*

2.1.1 Brincadeiras de outros países

Brincadeiras de roda, brinquedos cantados, amarelinha, pular corda, elástico e outras são fundamentais para o desenvolvimento da criança.

Apresentamos a seguir algumas brincadeiras utilizadas pelas crianças em outros países do mundo que poderão ser utilizadas nas escolas.

1) Square Bed (Origem: Escócia)

É uma variação da *Amarelinha*. O educador deverá desenhar um quadrado grande no chão e dividi-lo em nove partes menores. Em seguida, deverá numerar os quadrados de 1 a 9, em ordem ou não. Se o objetivo for de dificultar, deverá alternar a ordem dos números. Como na brincadeira da *Amarelinha*, a criança deverá pular por todas as casas até completar a sequência numérica.

2) Da Ga (Origem: Gana)

É uma brincadeira de perseguição. O educador escolherá um aluno para ser a "serpente". Este deverá ficar em um canto do pátio ou da quadra, isto é, onde estiver sendo realizada a brincadeira. Quando os demais alunos se aproximarem da "serpente", este deverá tentar pegá-los. Quem for pego, deverá dar a mão à "serpente" e voltar para a "toca", dando reinício a brincadeira. A "serpente" irá aumentando com o andamento da brincadeira.

3) Moto Kumapiri (Origem: Malauí)

É uma variação do *Pega-pega*. O educador deverá solicitar que os alunos façam duas rodas, uma ao lado da outra. Quando o educador apitar, os alunos da roda "A" deverão pegar os alunos da roda "B". Quem não conseguir pegar o colega ficará de fora para apitar na próxima "rodada".

4) Patintero (Origem: Filipinas)

É uma brincadeira de perseguição. O educador solicitará que os alunos fiquem posicionados sobre as diversas linhas da quadra ou por linhas traçadas no chão. Os alunos posicionados sobre as linhas serão os pegadores e só poderão correr sobre as linhas. Os demais alunos deverão ficar no fundo da quadra e tentar atravessá-la sem ser pegos pelos colegas. Depois, o pegador passará a ser a "presa" e vice-versa.

5) Salto de La Paloma (Origem: Espanha)

O educador solicitará que dois alunos sentem-se de frente um para o outro e formem diferentes figuras, as quais deverão ser saltadas pelos colegas. Com o andamento da brincadeira, a dificuldade deverá aumentar. Por exemplo: Os alunos deverão afastar as pernas, depois colocar uma perna sobre a outra, depois, além da perna, utilizar as mãos para aumentar a altura a ser saltada e assim por diante.

Dica: As dificuldades deverão ser aumentadas gradativamente para que ninguém se machuque.

2.1.2 Trabalhando o equilíbrio

Para trabalhar o equilíbrio dos alunos, o professor poderá:

1) Traçar uma linha reta no chão com giz ou esticar e colar uma fita e pedir que os alunos caminhem sobre ela individualmente, equilibrando-se.

2) Colocar uma tábua de madeira e pedir que caminhem sobre ela individualmente, equilibrando-se.

3) Traçar um círculo no chão com giz e pedir que caminhem sobre este, individualmente, equilibrando-se. Este exercício chama-se exercício de linha e é um exercício montessoriano, isto é, criado por Maria Montessori, educadora e pesquisadora italiana que priorizava os anos iniciais do aprendizado.

4) Pedir a cada criança que caminhe sobre o círculo traçado segurando um saquinho de areia numa das mãos.

5) Solicitar que realizem o exercício anterior com saquinhos de areia nos ombros, ao invés do saquinho de areia na mão.

6) Pedir para realizarem o mesmo exercício do item 4 segurando um sino, ao invés do saquinho de areia, sem deixar o sino tocar.

7) Solicitar que realizem o mesmo exercício do item 4, segurando um castiçal com uma vela acesa.

Obs.: O último exercício só deverá ser realizado com crianças a partir dos quatro anos.

2.1.3 Motricidade para o desenvolvimento corporal

O educador poderá promover o banho do bebê que, neste caso, será um boneco. À medida que o professor vai lavando as partes do corpo do boneco, ele perguntará qual a parte que está sendo lavada e os alunos deverão localizar cada parte em seu próprio corpo.

O professor pode colocar uma música bem suave e solicitar que os alunos se deitem no chão ou em colchões. Mas antes devem retirar os calçados para que fiquem bem à vontade. Depois, o professor pedirá que fechem os olhos e imaginem que estejam num lugar bem lindo e que imaginem estar fazendo algo que gostem muito de realizar. Pedir que abram os olhos bem lentamente. Esta atividade levará os alunos a relaxarem.

2.1.4 Linguagem: vocabulário

Para trabalhar o vocabulário com os alunos, o professor pode, além de utilizar a atividade "banho do bebê" para trabalhar os nomes das partes do corpo, trabalhar a contação de histórias, a partir de livros infantis, e pedir que um aluno reconte a história.

O educador pode solicitar às crianças que façam desenhos e depois que contem a história destes. Enquanto a criança for contando, o professor deverá registrar tudo o que for sendo dito, utilizando aspas.

Atividades de dramatização no pátio ou na sala de aula utilizando fantoches de diversos tipos como, por exemplo, fantoches de dedos, de vara, que calçam a mão e outros servirão para estimular e desenvolver o vocabulário dos alunos.

Jogos como *telefone sem fio* e *adedanha* também poderão ser utilizados para este fim. Conversas informais entre o professor e os alunos e entre eles próprios também poderão ajudar, além de jogos de adivinha, livros e revistas com gravuras.

O professor poderá confeccionar fichas de ditado mudo selecionando figuras e objetos, pessoas praticando ações como correr, pular corda, falar ao telefone, comer, dançar, estudar, lavar, varrer, dormir, e outras, e colar estas figuras em cartões de cartolina branca ou colorset colorido, encapar com contact transparente para proteger os cartões e evitar sujá-los. Este material poderá ser utilizado para os alunos nomearem os objetos e/ou descreverem as ações das figuras para o professor. As figuras dos cartões poderão ser ainda de objetos, animais, frutas, meios de transportes, meios de comunicação e outros de acordo com o planejamento do professor.

2.1.5 Artes e atividades de recorte e colagem

O educador pode utilizar diversas atividades de artes, tais como: desenho com giz de cera, desenho com hidrocor, pintura com guache utilizando pincel ou os dedos para pintar, pintura com anilina (esta deverá ser colocada no álcool), Cotonete® para pintar, material para pintura a dedo (pode ser adquirido em papelarias), pintura vazada (o professor desenha cartões de animais, meio de transporte, objetos e outros na cartolina ou colorset e recorta no contorno dos desenhos, de modo que, ao pintar com guache, apareça a forma do desenho).

Poderá ser utilizado também o recorte livre de figuras de revistas, que serão coladas numa folha de papel ofício A4, ou com papéis silhueta, laminado e camurça picados com as mãos pelos alunos e colados dentro de figuras de frutas, animais, meios de transporte, meio de comunicação, objetos, de acordo com o planejamento do professor.

Outra técnica que poderá ser utilizada é o recorte com limite. O professor traça linhas no papel e o aluno deverá recortar por cima da linha. Seguem alguns exemplos:

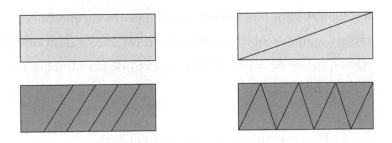

Outras dicas:

Dobraduras com papel silhueta ou colorset colorido utilizando o origami também poderão ser realizadas pelos alunos.

O professor pode grampear um pedaço de papel celofane amarelo ou branco sobre um papel ofício A4 branco e pedir que os alunos façam desenhos com hidrocor de cores variadas sobre o papel celofane.

O educador coloca guache num pote de vidro com água e mistura; depois distribui canudos plásticos e pede para os alunos soprarem os canudos, mergulhando-os antes na tinta, sobre a folha de papel ofício A4, formando desenhos no papel.

Com os alunos a partir de quatro anos, o professor pode propor a pintura a vela; o aluno aquece o giz de cera no fogo da vela e faz desenhos na folha de papel A4.

Ainda com os alunos desta idade poderá ser feito um desenho desbotado com água sanitária sobre o papel de seda colorido, grampeado numa folha de papel ofício A4. Os alunos deverão mergulhar um cotonete num vidro com água sanitária e fazer um desenho.

Nas duas últimas atividades, o professor ou um auxiliar deste deverá estar presente na mesa onde estiver sendo realizada a atividade por causa do fogo da vela e da água sanitária.

Os alunos poderão fazer desenhos com cola colorida num papel A4 e complementá-los com guache colorida.

O professor distribui desenhos de flores, animais, objetos da casa, objetos escolares e outros de acordo com o conteúdo que estiver sendo trabalhado naquele momento.

Estes desenhos são recortados no papel colorset, cartolina ou papel cartão. O professor solicita que os alunos coloquem um ou mais desenhos embaixo de uma folha de papel ofício. Em seguida, eles deverão pintar o papel ofício com giz de cera e aparecerá a forma do(s) desenho(s) que estava embaixo do papel. Esta atividade também pode ser realizada utilizando folhas e flores naturais caídas ao chão (não arrancadas), que as crianças tenham recolhido durante passeio num jardim.

Com os alunos do Pré III, pode ser realizada a atividade de desenho sobre tinta nanquim. O educador solicita aos alunos para colorirem uma folha de papel ofício com giz de cera colorido cobrindo todo o papel; depois eles devem cobrir o giz de cera com tinta nanquim preta e em seguida fazer desenhos sobre esta utilizando uma caneta sem tinta. O contorno do desenho ficará colorido devido à pintura realizada com giz de cera anteriormente.

O educador pode oferecer massa de modelar adquirida em papelarias como, por exemplo, a "Soft" da marca Acrilex® e pedir que os alunos modelem esculturas de forma livre ou previamente combinada. Pode ser utilizada a argila virgem adquirida em olarias, a qual pode ser modelada acrescentando água.

A seguir, apresentamos algumas sugestões de **Conteúdos Programáticos** de **Artes Visuais** que poderão ser desenvolvidos na **Educação Infantil: Pré I, Pré II e Pré III.**

1) Exploração e manipulação de materiais de diferentes texturas e espessuras (lápis, pincéis, brochas, carvão etc.), de meios (tintas, água, areia, terra, argila etc.) e de variados suportes gráficos (jornal, papelão, papel, parede, chão, caixas, madeiras etc.).

2) Exploração e aprofundamento das possibilidades oferecidas pelos diversos materiais, instrumentos e suportes necessários para o fazer artístico.

3) Exploração e reconhecimento de diferentes movimentos gestuais, visando a produção de marcas gráficas.

4) Cuidado com o próprio corpo e com os colegas no contato com os suportes e materiais de artes.

5) Respeito e cuidado com os materiais e com os trabalhos e objetos produzidos individualmente ou em grupo.

6) Criação de desenhos, pinturas, colagens a partir de seu próprio repertório e da utilização de elementos da linguagem das artes visuais (ponto / linha / forma / cor / volume / espaço / textura / etc.) com vistas à ampliação de seu repertório pessoal.

7) Exploração e utilização de procedimentos necessários para desenhar, pintar, modelar etc., identificando seu uso nas produções do outro.

8) Manipulação de diferentes massas para modelagem.

9) Manuseio e construção livre com sucatas.

10) Produção, exploração e registro de espaços e elementos bidimensionais e tridimensionais na realização de projetos artísticos.

11) Valorização de suas próprias produções, das de outras crianças e da produção de arte em geral.

12) Expressar-se livremente criando formas por meio de desenho utilizando diferentes técnicas de trabalho (*desenhar* – estágios do grafismo).

13) Desenvolver habilidades de *recortar* (estágios) e *colar*.

14) Adquirir e desenvolver habilidades motoras (dobradura, alinhavo, perfuragem, construções, modelagens, enfiagem etc.).

15) Organização e cuidado com os materiais no espaço físico da sala.

16) Representação imagética de sensações, emoções e expressões, explorando diferentes materiais.

17) Observação e identificação de imagens diversas.

18) Conhecimento da diversidade de produções artísticas, como desenhos, pinturas, esculturas, construções, fotografias, colagens, cinema etc.

19) Apreciação de suas produções e das dos outros por meio da observação e leitura de alguns elementos da linguagem plástica.

20) Observação de imagens de histórias contadas.

21) Identificação de imagens diversas.

22) Discriminação de imagens artísticas.

23) Percepção da relação figura/fundo.

24) Leitura das obras de arte a partir da observação, narração, descrição, forma, cor, volume, contraste, luz e texturas.

25) Representação gráfica de imagens do corpo humano parado, em movimento, dentro de cenários etc.

26) Observação de objetos em variadas posições.

27) Apreciação de produções artísticas e estabelecimento de correlação com as experiências pessoais.

2.1.5.1 Pintura com bolinhas de gude

O educador distribui potinhos plásticos com guache colorida para os alunos. Em seguida coloca cestinhas com bolinhas de gude (de tamanho maior) e solicita a cada aluno que apanhe uma bolinha e a mergulhe no guache. Depois, o educador entrega uma caixa (de camisa vazia) com uma folha de papel ofício do mesmo tamanho da caixa. O aluno deverá pegar a bolinha com tinta com uma colher e jogá-la dentro da caixa. A seguir, o aluno deverá balançar a caixa para os dois lados e ver o que irá acontecer.

Apresentamos a seguir receitas de massa de modelar e de pintura a dedo, caseiras.

Receita de massa de modelar caseira

Ingredientes
4 xícaras de farinha de trigo
1 xícara de sal
1 ½ xícara de água
1 colher (sopa) de óleo
Anilina ou pó para suco colorido

Modo de preparar
Misture bem todos os ingredientes, exceto a anilina, amassando bastante com as mãos. Coloque a anilina ou o pó para suco da cor que desejar e misture, amassando até que a cor pegue em toda a massa, ficando toda por igual. Coloque a massa de cada cor num saco plástico individual. Dessa maneira, a durabilidade da massa será maior.

Receita de pintura a dedo caseira

Ingredientes
1 litro de água
1 xícara (chá) de farinha de trigo ou maisena
3 colheres (sopa) de vinagre
Anilina ou guache (cores diversas)

Modo de preparar
Misture bem a farinha de trigo e a água. Leve ao fogo baixo, mexendo sempre até formar um mingau uniforme, que não fique muito grosso. Deixe esfriar e acrescente o vinagre. Divida a massa em vidros (tipo de azeitona, milho ou maionese), e coloque a anilina ou guache. Distribua as tintas em todos os vidros, separadamente. Se mantiver o vidro bem fechado, o tempo de conservação poderá ser de um mês aproximadamente.

Modo de trabalhar
O educador deverá distribuir um pedaço de cartolina para cada aluno. Em seguida, retirar as tintas dos potes com uma colher e distribuir entre as crianças para que pintem com as mãos.

Dica: Os trabalhos deverão secar na sombra.

2.1.6 Estágios do recorte

1º) mostrar o interesse pela tesoura;

2º) segurar e manipular a tesoura adequadamente;

3º) abrir e fechar a tesoura de maneira controlada;

4º) cortar pequenos pedaços de papel ao acaso;

5º) manipular a tesoura em movimento para frente;

6º) coordenar a direção lateral da tesoura;

7º) cortar para frente sobre uma linha reta;

8º) cortar formas geométricas simples;

9º) cortar figuras simples;

10º) cortar figuras complexas;

11º) cortar material que não seja papel.

2.1.7 As fases do grafismo infantil

Segundo Ferreiro (1999), Miredieu (1994), Derdyk (1989) e outros, todas as produções infantis devem ser consideradas, pois expressam a necessidade de comunicação dos sujeitos que as realizam, desempenhando a função de registro.

Conforme Greig (2004), a *rabiscação*, isto é, a ação de rabiscar envolve um movimento circular e um movimento de vaivém e a *fase dos rabiscos* compostos que originarão o traço circular e as figuras primárias. Na fase da *rabiscação*, a criança experimenta livremente e descobre a mão e as possibilidades do material. Nesta fase, a criança não tem qualquer objetivo a alcançar; ela simplesmente deixa-se ir pelo prazer do momento. Esta "experimentação" é denominada jogo primitivo e ocorre até os três anos de idade, aproximadamente.

Na etapa seguinte, isto é, na *fase celular*, a criança vê a forma em curvas. Ela gosta de desenhar "bolas", ou seja, células. Ao colocar dois pontos para representar os olhos, um traço para o nariz e um para a boca, faz uma boneca. Nesta fase, a criança inicia os desenhos das primeiras figuras humanas.

A partir dos quatro anos a criança descobre as formas. Na *fase esquemática ou simbólica*, a criança utiliza a linguagem para difundir seus desenhos. Ela pode desenhar uma árvore, um cachorro, um carro, uma flor etc. Esta etapa ocorre entre cinco e seis anos de idade.

Na *fase da cena simples ou antropomorfismo*, a criança desenha cenas com alguns elementos como árvore, casa etc. O traço da criança ainda não é firme.

Após as fases mencionadas, há a *Fase do Realismo Lógico e Visual* e a *Fase da Cena Completa* que ocorrem por volta de sete ou oito anos, etapa posterior à Educação Infantil. Sendo assim, não definiremos estas fases aqui.

2.1.8 As fases do desenvolvimento infantil segundo Piaget

Conforme Jean Piaget, as fases do desenvolvimento da criança são as seguintes:

1) **Sensório-motor:** Este estágio ocorre do nascimento até o 18º mês de vida. Durante este período o bebê adquire co-

nhecimento por meio de suas próprias ações, controladas por informações imediatas. Nesta fase, a criança conquista o universo que a cerca a partir da percepção. Há a aprendizagem da coordenação motora elementar. Ocorre a aquisição da linguagem até a construção de frases simples. Há o desenvolvimento da percepção. A criança adquire a noção de permanência do objeto. Ela tem preferências afetivas. Há o início da compreensão de regras.

2) **Estágio pré-operacional:** Ocorre de dois a seis anos, aproximadamente. Corresponde ao período em que a criança encontra-se na Educação Infantil, isto é, de três a seis anos. Nesta fase, a criança desenvolve a capacidade simbólica. Daí a grande importância da escola evidenciar o trabalho com o lúdico para dar ênfase ao caráter lúdico do pensamento simbólico, por meio do qual a criança é capaz de distinguir um significador, ou seja, uma imagem, palavra ou símbolo do significado deste, isto é, o objeto ausente. Nesta fase a criança é egocêntrica, acredita que é o centro de tudo o que acontece e ainda não se coloca na perspectiva do outro. Ela é acomodada e não é flexível. Há desenvolvimento da linguagem. A criança percebe os objetos como forma de afetar sua vida e a dos demais seres humanos. Devido ao egocentrismo, a criança prefere brincar sozinha. Para ela, o certo e o errado é o que os adultos falam. Ela está desenvolvendo sua coordenação motora refinada.

Os *períodos das "operações concretas" ou "pré-operatório"* e o *"período das operações formais"* não serão aqui definidos, já que correspondem aos estágios posteriores à Educação Infantil.

2.1.9 Trabalhando a cidadania

A escola deve trabalhar a cidadania desde a Educação Infantil, afinal os alunos serão os futuros cidadãos. Para tal, o professor pode levar para a sala de aula do Pré III figuras e/ou fotos de pessoas praticando ações, como:

- ajudar uma pessoa idosa a atravessar a rua;
- ceder o lugar no ônibus para uma pessoa mais velha ou grávida.

Ele pode também levar um DVD que mostre algumas ações de cidadania sendo praticadas. Deve ainda conversar com os alunos sobre a importância de praticar essas ações no dia a dia. Levar uma foto e/ou, se possível, um cachorro labrador para mostrar aos alunos e conversar com eles sobre o "trabalho" que este realiza como guia de pessoas cegas. Pedir aos alunos para confeccionarem cartazes com desenhos de pessoas praticando ações de cidadania e espalhar pela escola.

2.2 Orientações para a organização do tempo

A organização do tempo requer uma tomada de decisões a respeito dos diversos períodos que constituem a jornada diária, suas características, sequência e duração, compreendendo que todos os períodos da jornada devem ter uma intenção pedagógica clara, e que todos devem promover aprendizagens para as crianças.

Organizar a jornada diária é uma tarefa fundamental para o trabalho pedagógico, pois implica determinar as oportunidades de trabalho que serão oferecidas. *É muito importante cuidar para que não existam tempos de espera entre períodos, de modo a assegurar que durante a permanência das crianças na escola o foco esteja em suas aprendizagens.*

Para organizar o tempo, é necessário contar com um diagnóstico do grupo de crianças, assim como também com informações mais gerais do estabelecimento de ensino, como os horários de entrada e saída dos alunos, os horários de lanche e pátio de cada turma. E se a escola oferecer atividades como aula de inglês, informática, educação física (recreação ou aula de corpo e movimento), música, robótica, entre outras, informarem-se a respeito do horário e tempo de duração de cada uma destas atividades.

2.2.1 Critérios para organizar a jornada
Para organizar a jornada, é necessário considerar os seguintes critérios:

2.2.1.1 Contextualização
A jornada diária deve responder ao diagnóstico das aprendizagens que se faça do grupo de crianças, e considerar,

portanto, suas características, interesses e fortalezas. Dessa forma, não existem jornadas que se possam repetir anualmente, independentemente se o nível com que se trabalhe seja o mesmo do ano anterior.

Por outro lado, deve-se responder às diversas necessidades das crianças, considerando, entre outras, suas necessidades de higiene, alimentação, recreação e de bem-estar e aprendizagem.

2.2.1.2 Equilíbrio

Uma adequada organização do tempo deve considerar que exista um equilíbrio entre os diversos núcleos de aprendizagem, de modo a assegurar que durante um período de tempo definido se trabalhem todos eles.

É importante também que exista equilíbrio entre os distintos tipos de experiências, alternando períodos de maior e menor gasto energético, experiências em grupo com experiências de trabalho pessoal, experiências dentro e fora de sala, entre outras.

2.2.1.3 Ênfases curriculares

Juntamente com conseguir um equilíbrio entre os núcleos de aprendizagem e eixos durante a jornada diária, é necessário responder às ênfases do "plano de melhoramento" da escola. Isso definirá a existência de maior número de períodos variáveis associados a uns núcleos sobre outros. Oferecer-se-á as crianças mais oportunidades para trabalhar determinadas aprendizagens esperadas.

Sabendo que as habilidades para leitura são competências fundamentais e transversais para todas as aprendizagens e que sua aprendizagem deve iniciar-se a partir da Educação Infantil, é necessário destinar mais tempo de trabalho ao núcleo Linguagem Verbal, particularmente ao eixo Preparação para a Leitura.

O educador deve organizar a jornada considerando *um período todos os dias*; para trabalhar a iniciação à leitura, especificamente a *consciência fonoaudiológica, decodificação* e *construção de significado*; isso de modo que as crianças tenham oportunidades sistemáticas para exercitar as habilidades que lhes permitirão enfrentar o primeiro ano do Ensino Fundamental em melhores condições, além de desenvolver seu potencial de aprendizagem em todos os núcleos e eixos de aprendizagem.

2.2.1.4 Estrutura e flexibilidade

Organizar a jornada diária é estruturar o tempo que as crianças permanecem no estabelecimento de ensino.

Para as crianças, isso significa a estabilidade necessária para desenvolver-se com maior segurança durante a jornada diária, na medida em que passam a conhecer a rotina diária escolar. Uma jornada estruturada permite ao educador antecipar o planejamento do trabalho pedagógico que será desenvolvido com o grupo de crianças, o que constitui um requisito fundamental para conseguir práticas pedagógicas de qualidade.

Contar com uma jornada estruturada não significa tornar os processos de ensino monótonos, isto é, sempre realizados da mesma maneira. É necessário atuar com flexibilidade, sendo que a duração de cada período pode variar dependendo de diversos fatores, como, por exemplo, o tipo de experiência de aprendizagem que se desenvolva pontualmente de acordo com as características do grupo. Além disso, é possível que em algumas ocasiões seja necessário modificar a sequência regular dos períodos ou, em casos justificados, deixar de realizar alguns deles. Frente a estas situações, o educador deve avaliar a melhor decisão em relação às necessidades de bem-estar e aprendizagem de seu grupo de alunos.

Vale ressaltar que a flexibilidade não deve ser traduzida por efetuar trocas permanentes que atrapalhem o desenvolvimento da jornada e empobreçam as oportunidades de aprendizagem das crianças devido à permanente improvisação.

2.2.1.5 Participação

Este critério considera a participação do coordenador ou orientador pedagógico, do grupo de alunos e da família.

Para organizar a jornada diária, é vital que o educador possa contar com a orientação e o auxílio do coordenador pedagógico na elaboração de um quadro de estabelecimento da rotina diária de atividades da turma.

É importante ainda que o educador possibilite ao grupo de crianças opinar e contribuir com suas ideias a respeito dos períodos da rotina diária de atividades, manifestando suas preferências. Isso permitirá que o grupo possa motivar-se e comprometer-se da melhor maneira com sua jornada. O educador deve fazer uma estimativa da execução e pertinência de incorporar as sugestões de seu grupo de alunos, buscando estratégias para validar suas propostas sem perder de vista o sentido pedagógico da organização do tempo.

É fundamental também que o grupo de crianças esteja familiarizado com a jornada; para isso, o educador pode desenvolver estratégias como a utilização de um quadro que contenha todos os períodos da jornada, o qual seja reavaliado de forma sistemática com os alunos. Este material é adequado para efetuar metacognição com o grupo de crianças, relembrando o que realizaram durante a jornada, o que e como aprenderam.

Também é relevante que o educador promova que a família conheça e compreenda a jornada de seus filhos, de modo que possam em casa fazer referência às experiências que eles realizam durante o dia e possam apoiar as aprendizagens de seus filhos.

2.2.1.6 Articulação

Ao organizar a jornada, é importante estabelecer uma coordenação necessária entre os diferentes níveis de aprendizagens ou turmas: Pré I ou 1° Período (Nível 1 – crianças de três anos), Pré II ou 2° Período (Nível 2 – crianças de quatro anos), Pré III ou 3° Período (Nível 3 – crianças de cinco anos). As equipes profissionais podem incorporar às suas jornadas diárias determinados períodos, de maneira que as crianças possam passar de um nível ao outro, com maior segurança, na medida em que reconhecerem similaridades entre uma e outra jornada. Podem concordar com suas respectivas jornadas, desenvolver determinados períodos em conjunto, de modo que as crianças tenham oportunidade de compartilhar experiências de aprendizagem com as crianças de outras turmas.

Um aspecto fundamental para conseguir uma boa articulação é arrumar a organização do tempo com o "plano de melhoramento", já que este constitui um referente fundamental para toda a escola e define as ênfases pedagógicas para todos os níveis. Isso se consegue na análise em conjunto com outros educadores e com o coordenador pedagógico da escola do planejamento e do cronograma de atividades diárias das turmas de Educação Infantil.

Outro elemento que deve ser levado em conta para organizar o tempo são os princípios pedagógicos do currículo do segmento de Educação Infantil da escola em questão, pois constituem um referente importante para o processo pedagógico. Em relação à organização da jornada, pode-se destacar:

a) Bem-estar

Oferecer uma jornada que responda às necessidades das crianças, e que respeite seus ritmos, de maneira que se encontrem as condições ótimas para aprender e desenvolver todas as suas potencialidades. Em relação a este aspecto, deve-se dar especial atenção a:

- **Sequenciação dos períodos:** cuidar que não se sucedam períodos com igual tipo de exigência, alternando os períodos de trabalho com períodos de pátio, de descanso ou mais tranquilos;
- **Duração dos períodos:** é importante estimar a duração de cada um dos períodos, já que isso permitirá o planejamento adequado do trabalho pedagógico com as crianças. No caso do Pré III, turma de transição da Educação Infantil para o Ensino Fundamental, é importante considerar que as crianças já podem suportar períodos de trabalho e jogos mais extensos.

Para estimar a duração dos períodos, podem-se considerar os seguintes critérios:

- oferecer tempo suficiente para que possam desenvolver as diversas experiências de aprendizagem, considerando início, desenvolvimento e conclusão;
- atuar com flexibilidade em função das necessidades do grupo. Isso significa que não se definam horários rígidos;

- não subdividir excessivamente o tempo, quer dizer, não se contemplar muitos períodos de curta duração durante a jornada que a segmentem em excesso.

b) Atividade

É muito importante planejar uma jornada que permita às crianças aprender a partir de sua participação ativa, oferecendo-lhes oportunidades para criar, descobrir, perguntar, resolver problemas, brincar, desenvolver sua imaginação, compartilhar com os demais.

c) Singularidade

É fundamental planejar uma jornada que permita às crianças aprenderem por meio de sua participação ativa, oferecendo-lhes oportunidades para que possam escolher seu próprio trabalho a partir de períodos de livre escolha, tais como oficinas.

d) Brincadeira

Ao organizar a jornada diária, o educador precisa resguardar o caráter lúdico que deve incluir as oportunidades de aprendizagem que se ofereçam às crianças. A brincadeira é um aspecto fundamental na vida das crianças e chave para sua aprendizagem.

2.2.2 Organização da jornada

Na Educação Infantil os períodos da jornada diária se dividem em dois tipos, de acordo com a intencionalidade pedagógica, que pode ser permanente ou variável. Como sabemos, a intencionalidade pedagógica está estreitamente vinculada à aprendizagem porque se trata do que o educador deve intencionar para que as crianças aprendam. Dessa forma, em função de sua intencionalidade pedagógica os períodos se dividem em constantes e variáveis. No capítulo do planejamento será explicitado como planejar cada um deles.

Por outro lado, para organizar a jornada deve-se considerar:

a) Definição dos períodos

Os períodos constantes são aqueles cuja intencionalidade pedagógica é mais ampla e integradora que uma aprendizagem esperada e permanece estável durante um tempo.

Em geral, esses períodos apontam para o desenvolvimento de experiências associadas a alimentação, higiene, descanso e recreação, que requerem uma maior frequência no tempo para a aquisição de hábitos e fomentar as atitudes e valores que se espera que as crianças comecem a aprender.

Para definir esses períodos, sugere-se ao educador refletir sobre as diversas necessidades que tem seu grupo de crianças, e a conveniência de considerar períodos para cada uma delas. Por exemplo, em relação às necessidades de alimentação, resulta evidente a pertinência de estabelecer ao menos um período de alimentação durante a manhã e um à tarde. No caso das escolas que possuem mais de cinco horas de duração de aula diária, devem estabelecer um período de alimentação pela manhã (café da manhã) e um à tarde (almoço).

Por outro lado, considerando o nível de desenvolvimento e aprendizagem que conseguem as crianças do Pré III, turma de transição, é adequado avaliar se é pertinente definir períodos para a higiene, no caso do horário desta turma ser maior do que o das outras. É recomendável que as crianças possam tomar banho quando necessitarem, e não é necessário todas irem ao mesmo tempo.

Para definir a intencionalidade pedagógica dos períodos constantes, sugere-se que o educador considere o sentido de cada período e suas características, refletindo sobre o que é possível que as crianças de seu grupo possam e devam aprender em cada um deles, já que cada um dos períodos constantes aponta para um tipo de atividade central que lhe dará seu sentido: alimentação, recreação, descanso e higiene.

Dessa forma, e para definir a intencionalidade pedagógica do período de recreio, o educador pode refletir sobre qual é o objetivo principal desse período, neste caso a recreação, a brincadeira e, em função disso, e do diagnóstico de seu grupo de crianças, decidir o propósito e a intencionalidade deve ser algo amplo, levando em conta habilidades e aprendizagens mais específicas. Nessa linha, a intencionalidade pedagógica para o período de recreio poderia ser, por exemplo: promover que as crianças possam brincar e compartilhar com outras crianças num ambiente de bem-estar e interações positivas.

Uma vez que se defina a intencionalidade pedagógica de cada um dos períodos constantes, o educador pode estabelecer o período de tempo em que se manterá esse mesmo propósito, para *a posteriori* planejar sistematicamente esses períodos de modo que não percam seu objetivo.

A continuação assinala um exemplo dos períodos constantes que poderia ter uma jornada diária, descrevendo seu sentido e intencionalidade pedagógica.

b) Estimação da duração dos períodos

Em relação à duração dos períodos, é necessário considerar o nível de desenvolvimento e aprendizagem alcançado pelo grupo de alunos. Em termos gerais, pode-se considerar que nos níveis de transição, os períodos constantes destinados a alimentação e higiene requerem menos tempo que nos demais níveis. Por outro lado, os períodos variáveis podem aumentar sua duração, considerando entre 30 a 40 minutos ou, no máximo, uma hora cada um.

Mais adiante, no capítulo de planejamento, se verá que as experiências de aprendizagem que se desenvolvam não devem necessariamente restringir-se a um período variável, uma vez que, dependendo de suas características, podem durar dois ou até três períodos de tempo.

c) Sequenciação dos períodos

Um aspecto essencial na organização do tempo educativo é a sequenciação dos distintos períodos. A esse respeito, é importante assinalar que deve haver uma adequada alternância dos períodos para garantir o bem-estar das crianças, favorecendo assim sua aprendizagem. É necessário também manter um equilíbrio entre os diferentes núcleos, entre experiências de maior e menor gasto de energia e entre as diversas habilidades envolvidas em cada uma delas.

Dessa forma, será necessário cuidar para que não se estabeleçam dois períodos variáveis de maneira sucessiva. No caso de se estabelecerem dois períodos variáveis seguidos, o educador deverá providenciar para que as experiências de aprendizagem que estão acontecendo sejam de tipo distinto, utilizando diversas estratégias metodológicas, recursos e/ou espaços educativos e assegurar de não estar sobrecarregando o grupo de crianças.

A seguir, citamos dois exemplos de jornada: um para jornada regular e outro para uma jornada ampliada, considerando as orientações anteriores:

Exemplo 1: Jornada diária – 08:00 às 12:00 horas

Horário	Período	Intencionalidade pedagógica
08:00-08:30	Boas-vindas	Convivência e identidade
08:30-09:00	Lanche	Autonomia e convivência
09:00-09:40	Variável 1	Linguagem verbal
09:40-10:00	Pátio	Autonomia e convivência
10:00-10:30	Variável 2	Qualquer núcleo
10:30-10:50	Variável 3	Qualquer núcleo
10:50-11:30	Variável 4	Qualquer núcleo
11:30-12:00	Despedida	Convivência e linguagem verbal

Exemplo 2: Jornada diária – 08:30 às 15:30 horas

Horário	Período	Intencionalidade pedagógica
08:30-09:00	Entrada	Autonomia e convivência
09:00-09:30	Café da manhã	Autonomia e identidade
09:30-10:00	Variável 1	Linguagem verbal
10:00-10:20	Pátio	Autonomia e convivência
10:20-11:00	Variável 2	Qualquer núcleo
11:00-11:15	Pátio	Autonomia e convivência
11:15-12:00	Variável 3	Seres vivos e grupos humanos
12:00-12:40	Almoço	Autonomia e convivência
12:40-13:00	Pátio	Autonomia e convivência
13:00-13:40	Jogo	Autonomia em jogos e trabalhos
13:40-14:00	Pátio	Autonomia e convivência
14:00-15:00	Variável 4	Qualquer núcleo
15:00-15:30	Despedida	Convivência e linguagem verbal

2.2.2.1 Início da jornada

A intencionalidade deste período é que as crianças possam expressar suas ideias, sentimentos e compartilhar suas inquietudes. Dessa forma, o educador deverá receber as crianças afetuosamente: organizará o ambiente de modo que possam estabelecer uma conversação grupal, utilizando recursos que gerem o diálogo e promovam o intercâmbio de experiências.

O educador deverá animar as crianças a desenvolver ações associadas ao cuidado de si mesmas de forma autônoma, tais como tirar seu casaco, guardar suas coisas na mochila ou bolsa, colocar o avental, e poderá oferecer material, com o objetivo das crianças poderem escolher para brincar enquanto chegam os outros colegas.

2.2.2.2 Períodos de alimentação

Lanche, almoço ou jantar. Os períodos de alimentação têm como intencionalidade pedagógica que as crianças possam alimentar-se num ambiente acolhedor, desfrutar da alimentação, comer de forma autônoma e aprender hábitos de alimentação e higiene.

Exige-se que o educador crie um ambiente agradável, favorecendo a convivência entre as crianças. Por isso é adequado variar as formas de organizar o espaço de modo que possibilite diversas formas de agrupamento das crianças, e utilizar vários recursos, como porta-guardanapos criados pelas crianças, entre outros.

Durante este período, é necessário que o educador percorra as mesas onde lancham ou almoçam as crianças, animando-os a comerem por si mesmas, estabelecendo conversas espontâneas com elas, escutando-as, observando-as e oferecendo-lhes ajuda se o necessitarem.

2.2.2.3 Pátio / recreio

A intencionalidade pedagógica do período de pátio é que as crianças possam brincar e desfrutar compartilhando com outras crianças. Durante este período, elas podem organizar suas próprias brincadeiras ou integrar-se a brincadeiras propostas pelo educador.

É aconselhável que o período de pátio se realize ao ar livre, de modo que as crianças possam desfrutar da natureza e desenvolver atividade física de forma lúdica. O educador deverá observar o desenvolvimento deste período, de maneira a cuidar da segurança e bem-estar de seu grupo e promover interações positivas entre as crianças, animando-as a respeitar-se mutuamente, a compartilhar e respeitar as normas de convivência que se organizaram como grupo.

2.2.2.4 Encerramento da jornada

Este período aponta para que as crianças realizem uma síntese do que vivenciaram durante a jornada, relembrando as experiências realizadas, e aprendam com aquilo que gostaram e não gostaram.

O educador deverá promover a participação das crianças buscando recursos para lembrar o que fizeram durante a aula, a fim de que possam avaliar seu trabalho identificando e apreciando suas conquistas e as de seus colegas.

É fundamental cuidar para que este período não se mecanize, e que se dê o tempo necessário, já que por ser o último período da jornada, em que tanto os adultos na sala como as crianças estão mais cansadas, tende-se a deixá-lo de lado. Por este motivo, o educador deve planejar os recursos que permitirão dinamizar o período, selecionando diariamente (através de diversos sistemas) um grupo de seis a oito alunos para que participem de modo efetivo e que possam expressar suas ideias, enquanto e os demais colegas os escutam. Sugere-se usar um registro com o objetivo de que todos possam participar.

2.2.2.5 Períodos variáveis

Os períodos variáveis são aqueles cuja intencionalidade pedagógica varia permanentemente e com maior frequência, em função das aprendizagens esperadas, selecionadas de acordo com a avaliação que se realiza em quatro ocasiões no ano. Nestes períodos, desenvolvem-se as experiências de aprendizagem que podem durar mais de um período variável. Dessa forma, poderia, por exemplo, continuar no próximo período variável ou no dia seguinte. Por outro lado, um período variável não é sinônimo de experiência de aprendizagem.

Em relação aos períodos variáveis, orienta-se o educador a definir como mínimo três períodos variáveis numa jornada de quatro horas. No caso de estabelecimentos de ensino com jornada ampliada, deve-se estabelecer para a jornada da tarde pelo menos um período variável a mais.

Por outro lado, é necessário enfatizar o núcleo Linguagem Verbal, especificamente no eixo de Preparação para a Leitura. Dessa forma, orientam-se os educadores que atuam na Educação Infantil a estabelecer um período variável diário para trabalhar sustentavelmente as aprendizagens esperadas do referido eixo.

No caso do "plano de melhoramento" comprometido com metas como Relações Lógico-matemáticas e Quantificação, Seres Vivos e seu Entorno ou Grupos Humanos: suas formas de vida e acontecimentos relevantes, pode-se refletir sobre a necessidade de dar mais tempo para estes núcleos e estabelecer outro período variável para trabalhar um deles de forma estável, duas ou três vezes por semana. Outra alternativa é selecionar dois eixos de diferentes núcleos alternando-os durante a semana.

Finalmente, orienta-se os educadores que atuam na Educação Infantil a estabelecer um período variável todos os dias, para trabalhar com seu grupo de alunos todos os núcleos de aprendizagem.

2.2.2.6 Orientações para o planejamento

Contribuições dos componentes pedagógicos para o planejamento:

Componente n. 1: *Aprendizagens esperadas do currículo da Educação Infantil*

Este componente se refere à questão: *Que se espera que as crianças aprendam no Pré I e no Pré II?*

Componente n. 2: *Sucesso de aprendizagem dos mapas de progresso*

Este componente enuncia a questão: *Como fazer com que as aprendizagens dos alunos do Pré I e Pré II progridam?*

Para tanto, apresenta-se uma descrição concreta das expectativas de aprendizagem que se esperam para o final do Pré I e Pré II, referentes aos alunos com idade de três, quatro e cinco anos. Estas expectativas de sucesso nas aprendizagens das crianças foram extraídas dos mapas de progresso e constituem um importante apoio para o educador no momento de avaliar as aprendizagens dos alunos.

Qual é o sucesso deste componente?

- Apresenta a trajetória das aprendizagens dos alunos do Pré I e Pré II.

- Constitui um referencial para a construção de indicadores observáveis que permitam evidenciar e avaliar a aprendizagem de crianças.

- Permite identificar se as crianças se encontram num nível de sucesso esperado ao seu nível educativo, ou se encontra abaixo ou sobre este.

- Favorece a elaboração de instrumentos de observação e/ou avaliação que permitam determinar operacionalmente os distintos níveis de sucesso que se tem alcançado.

Componente n. 3: *Aprendizagens esperadas para o nível de transição*

O referido componente busca responder à questão: *O que se espera que aprendam as crianças do nível de transição?* E apresenta o conjunto de aprendizagens esperadas no Pré I e no Pré II, gradativamente, estabelecendo distintos níveis de complexidade para o "nível de transição".

Qual é o sucesso deste componente?

- Permite identificar quais são as aprendizagens essenciais que os alunos devem conseguir no nível de transição.

- Favorece a elaboração do planejamento mais pertinente ao nível de desenvolvimento e aprendizagem das crianças, já que estas aprendizagens têm sido especificadas e graduadas em ordem de complexidade.

Componente n. 4: *Exemplos de desempenho*

Os exemplos de desempenho correspondem a manifestações das aprendizagens esperadas que ilustrem seu nível de exigência. Uma grande proporção tem sido extraída dos mapas de progresso.

Os exemplos de desempenho não constituem um fim em si mesmos, mas representam uma orientação acerca das manifestações esperadas ao trabalhar uma aprendizagem. De qualquer forma, deve-se considerar que estes desempenhos são referenciais para o planejamento das experiências de aprendizagem a oferecer aos alunos; são as aprendizagens esperadas do currículo.

Qual é sucesso deste componente?

Facilita a elaboração de indicadores de avaliação para a aprendizagem esperada ao explicitar situações observáveis em que se manifesta uma determinada aprendizagem.

Componente n. 5: *Exemplos de experiências de aprendizagem*

Neste componente, apresentam-se idcias gerais sobre atividades possíveis de planejamento nas experiências pedagógicas para facilitar uma determinada aprendizagem esperada. Em sua maioria, caracterizam-se por serem geradoras e ilustrativas, e por este componente podem-se constituir numa base para criar experiências de aprendizagem completa, quer dizer, a todas as etapas correspondentes: início, desenvolvimento e encerramento.

Qual é o sucesso deste componente?

- Favorece o planejamento de experiências de aprendizagem ao proporcionar ideias para gerar outras, similares ou complementares.

- Propicia a pertinência das experiências pedagógicas, pois as que se apresentam podem ser adaptadas ao contexto particular de cada escola e/ou curso.

2.3 O processo de planejamento

O planejamento é um processo sistemático e flexível em que se organiza e antecipa o ensino e a aprendizagem com o objetivo de dar sentido à prática pedagógica. É essencial realizá-lo para conceder qualidade ao processo educativo, já que implica definir claramente o que é que os alunos devem aprender e, em função disso, antecipar e articular os diferentes fatores curriculares que intervém neste aprendizado.

2.3.1 Planejamento pedagógico

O planejamento da Educação Infantil deve ser flexível, contextualizar e considerar os eixos norteadores sugeridos no Referencial Curricular Nacional para Educação Infantil, adequado à proposta da pedagogia de projetos, caso a escola adote uma.

Este deverá também contemplar atividades referentes aos aspectos cognitivo, psicológico, psicomotor e social, buscando o desenvolvimento integral da criança ao complementar a ação da família e da comunidade.

2.3.2 A pedagogia de projetos

O trabalho com projetos possibilita um aprender diferente, promovendo uma educação voltada para a compreensão, esta parte dos conhecimentos prévios que os alunos trazem da família e da sociedade, que deve ser sempre valorizada pelo educador. Além de levar em conta e valorizar estes conhecimentos, o educador deve promover desafios, nos quais o aluno possa comparar suas hipóteses espontâneas com os conceitos científicos.

Este trabalho é formado pelo que os alunos aprendem e o que eles vivenciam em seu cotidiano.

Apresentamos a seguir algumas sugestões de projetos que podem ser utilizadas pelo educador na Educação Infantil:

1) Identidade;

2) Projeto da Amizade;

3) Saúde e Alimentação;

4) Inclusão;

5) Vida no Campo, Vida na Cidade;

6) Meio Ambiente;

7) Brincadeiras e Brinquedos;

8) No Tempo dos Dinossauros;

9) Os Animais;

10) As Plantas;

11) Animais que Botam Ovos;

12) Animais Marinhos;

13) Valorizando as Datas Comemorativas e a Cultura Brasileira;

14) Ética e Cidadania;

15) Valorizando Todas as Raças: Todos Somos Iguais

16) Meios de Transporte;

17) Trânsito;

18) Meios de Comunicação;

19) Combate à Dengue;

20) Viva a Paz!;

21) O Ciclo da Água;

22) Primavera;

23) Festa Junina Solidária;

24) Trabalhando Valores;

25) Contando Histórias;

26) Trabalhando Profissões;

27) Conhecendo o Mar;

28) "Avó é Mãe com Açúcar";

29) O Sol e a Lua.

2.3.3 Critérios gerais para o planejamento

É importante que cada educador considere alguns critérios básicos que lhe permitirão elaborar planejamentos de qualidade. A seguir, apresentamos os que são considerados relevantes a partir do currículo da Educação Infantil; além disso, explicita-se o critério de articulação, como ênfase do trabalho que deve caracterizar a escola em sua totalidade.

2.3.3.1 Contextualização e diversificação

O planejamento deve responder às necessidades de aprendizagem de cada grupo de alunos, aos seus interesses e características.

Para assegurar que o processo educativo responda efetivamente às necessidades educativas do grupo, este deve sustentar-se em:

a) Um processo avaliativo que contemple três etapas

- Início do processo a partir de um diagnóstico para conhecer o ponto de partida no nível de aprendizagens de todos os alunos do segmento de ensino da Educação Infantil, e desta forma, ser preciso nas aprendizagens esperadas que se deseja favorecer.

- Avaliação formativa, realizada para identificar o avanço no processo de aprendizagem e poder reorientá-lo adequadamente.

- Avaliação acumulativa, ao finalizar o período de trabalho anual, que permite identificar os sucessos alcançados durante todo o processo escolar e realizar uma análise a respeito.

b) Pertinência à realidade dos alunos

O educador deverá considerar as características do contexto familiar e da comunidade em que está inserido o estabelecimento de ensino, de maneira a respeitá-las e/ou aproveitá-las nas experiências pedagógicas a implementar.

2.3.3.2 Seleção e gradação de aprendizagens esperadas

A adequada seleção das aprendizagens esperadas é fundamental para que o processo educativo responda aos requerimentos de aprendizagens dos alunos, desafiando-os e permitindo-lhes adquirir habilidades novas e mais completas.

O currículo deve apresentar uma seleção das aprendizagens que se consideram essenciais para o Pré I, Pré II e Pré III, nível de transição, estabelecendo entre eles uma distinção no nível de complexidade, sendo o Pré III – nível de transição – mais complexo que o Pré I e o Pré II. Para selecionar as aprendizagens esperadas, o educador não deve guiar-se pelo nível educativo em que se encontram seus alunos, apenas pela idade que estes possuem, e pelo nível de sucesso que eles têm obtido em sua avaliação.

As aprendizagens esperadas do currículo de cada nível constitui um referente, mas é o nível de sucesso que o grupo de alunos apresenta que permitirá decidir as aprendizagens esperadas com que se trabalhará. Por exemplo, para selecionar as aprendizagens esperadas para seu grupo de alunos, um educador a cargo da Educação Infantil não deve selecionar imediatamente aquelas aprendizagens esperadas que indique o currículo, não deve avaliar seu grupo e identificar se houve sucesso ou não naquelas aprendizagens e, segundo isso, selecionar as aprendizagens mais desafiantes. Isso será abordado mais detalhadamente no capítulo sobre avaliação.

Por último, se a escola considera relevante, deve combinar seu projeto político-pedagógico com os requerimentos estabelecidos a partir do diagnóstico de seu "plano de melhoramento educativo", pode-se selecionar alguma aprendizagem esperada do currículo que represente estas prioridades pedagógicas e agregá-las no planejamento do trabalho pedagógico.

2.3.3.3 Sistematização e flexibilidade

Para que o planejamento se efetive, é necessário realizá-lo permanentemente e de forma sistemática, de maneira que o processo educativo se desenvolva de forma contínua; em que a ação educativa se planeja, se desenvolve, se retroalimenta e, sobre a base desta avaliação, se modifica ou complementa.

Dessa forma, para concluir o processo de aprendizagem do grupo de alunos, o educador efetua, ao começar o processo educativo, um planejamento geral em que se identificam as aprendizagens esperadas para propiciar durante um semestre e, logo, planejar seu trabalho pedagógico mais específico de forma periódica. Desse modo, se evitará a improvisação, podendo desenvolver-se um processo de maior qualidade. Entretanto, deve-se atuar com flexibilidade no momento de implementar o planejamento, considerando as situações emergentes e os progressos na aprendizagem dos alunos que podem efetuar modificações no planejamento original em benefício de entregar as melhores ofertas educativas aos alunos.

Desta maneira, por exemplo, é possível modificar a duração de uma determinada experiência de aprendizagem (considerando o ritmo de trabalho que foi alcançado no grupo); pode-se utilizar uma situação emergente para delinear uma nova experiência de aprendizagem e considerar recursos de apoio novos e complementares no processo pedagógico.

O fundamental é que todas as decisões tomadas pelo educador durante sua prática pedagógica devem estar fundamentadas, organizadas e devem responder às necessidades de aprendizagem do grupo de alunos com quem se encontra desenvolvendo seu trabalho.

2.3.3.4 Integralidade

O educador da Educação Infantil deve cuidar para que o planejamento seja integral, quer dizer, que aborde as aprendizagens esperadas de todos os núcleos e eixos de aprendizagem do currículo, num período determinado de tempo.

Ao mesmo tempo, é importante que todo educador se preocupe de favorecer os pontos fortes de seus alunos, e não apenas as deficiências detectadas, pois é fundamental que as identifique no processo de avaliação.

Devem-se considerar o planejamento, as ênfases curriculares definidas pela escola em seu projeto político-pedagógico e em seu "plano de melhoramento educativo".

Atualmente, dever-se-á priorizar o núcleo de linguagem verbal, que constitui um dos núcleos de aprendizagem mais deficitários e que sem dúvida constitui uma aprendizagem transversal que capacita todos os demais núcleos e eixos de aprendizagem.

Como foi mencionado anteriormente, na seção de organização do tempo, orienta-se definir um período de atividades variáveis diário para abordar aprendizagens esperadas do eixo Preparação para a Leitura. Dessa forma, o educador deverá elaborar maior quantidade de atividades associadas ao núcleo de aprendizagem de Linguagem Verbal para dar conta desta questão.

2.3.3.5 Participação

O planejamento deve ser um processo no qual participa a equipe pedagógica das turmas de Educação Infantil, isto é, os educadores e a coordenadora ou orientadora pedagógica.

O educador conduz e lidera este processo, mas a participação do coordenador ou orientador pedagógico é muito importante, pois o planejamento requer reflexão para ser enriquecido com as contribuições de todos os que estão envolvidos na aprendizagem dos alunos. Nesse contexto, é necessário que a escola considere instâncias regulares e sistemáticas para que a equipe possa efetivar esse trabalho.

O educador também deve considerar em seu planejamento as contribuições dos alunos, os que podem propor ideias sobre temas de seus interesses ou materiais que podem ser utilizados, lugares que podem ser visitados, entre outros.

Isso é essencial para resguardar a pertinência dos planejamentos e assegurar o interesse do grupo.

Para alcançar mais e melhores aprendizagens para os alunos, deve-se resguardar a participação da família no planejamento educativo. As mães, pais e outros familiares devem conhecer as aprendizagens que se espera que as crianças alcancem, e desenvolvam estratégias para também capacitá-los em casa. Desse modo, o educador deverá planejar a organização necessária e a definição de estratégias efetivas para incorporar a família ao processo educativo e potencializar seu papel formador, por exemplo:

- convidá-los para participar das experiências de aprendizagem que se desenvolvem na escola;

- cooperar com seus conhecimentos e fortalezas para a realização destas experiências;

- orientar o desenvolvimento de ações específicas em casa para apoiar e/ou complementar, nas instâncias da vida cotidiana, as aprendizagens esperadas que estejam sendo oferecidas na escola.

2.3.3.6 Articulação

É muito importante que a informação e participação dos diferentes agentes educativos envolvidos no processo sejam ampliadas a outros profissionais da escola.

Fundamentalmente, os outros educadores do nível de transição e os(as) professores(as) do 1º e 2º anos do Ensino Fundamental, com o objetivo de desenvolver um processo articulado e contínuo entre os distintos níveis educativos, devem favorecer uma aprendizagem mais efetiva e confiável para os alunos. Para que tudo isso seja possível, é imprescindível contar com o apoio e a orientação da equipe de gestão da escola.

Alguns exemplos de estratégias que contribuem para a articulação são:

- criar instâncias para comunicar as aprendizagens que estão abordando em cada turma;
- definir como coordenar-se para trabalhar adequadamente as faixas de complexidade entre os níveis de aprendizagem;
- realizar experiências educativas, projetos e outras estratégias educativas em conjunto;
- compartilhar as experiências que cada um está adquirindo de modo a enriquecer seus planejamentos, acrescentando ideias de estratégias de mediação, coordenando o uso de determinados ambientes educativos ou recursos, entre outros.

Para conseguir uma articulação adequada, é necessário que o educador:

- visualize o processo educativo como um processo contínuo;
- assuma junto com outros educadores da Educação Infantil e professores do Ensino Fundamental 1 do estabelecimento de ensino a responsabilidade de favorecer a aprendizagem dos alunos, gerando estratégias de forma coordenada e cooperativa.

2.3.4 Planejamento dos períodos variáveis

Os períodos variáveis são essenciais dentro de uma jornada diária, pois é nestes períodos em que se realizam as experiências de aprendizagem, e, portanto, constituem a oportunidade para trabalhar as aprendizagens esperadas selecionadas. Para assegurar a qualidade das experiências que se efetivam, é fundamental que se planejem de forma rigorosa e sistemática.

Uma experiência de aprendizagem, a diferença de uma atividade, envolve os alunos de forma integral e se desenvolve como um processo que articula diversas etapas (de início, desenvolvimento e encerramento) de forma coerente, em função de uma aprendizagem esperada.

O planejamento de uma experiência de aprendizagem requer que o educador antecipe e organize todos os fatores e/ou elementos curriculares envolvidos: aprendizagem esperada, tempo e ambiente educativo, estratégias metodológicas a utilizar, mediação, avaliação e participação de alguns integrantes da família e/ou agentes comunitários.

2.3.4.1 Fatores curriculares que articulam o planejamento das experiências de aprendizagem

O esquema que se apresenta a seguir representa a relação que se estabelece entre os fatores ou elementos curriculares que devem ser considerados ao projetar uma experiência de aprendizagem.

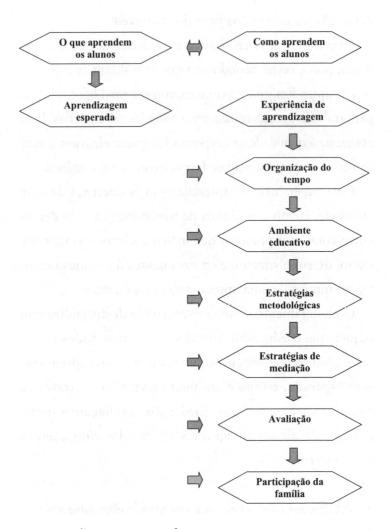

Aprendizagens esperadas

É o ponto de origem de uma experiência de aprendizagem que estabelece claramente o que o aluno deve aprender.

Em função desta aprendizagem deve-se planejar a experiência pedagógica.

Organização do tempo

O educador deverá estimar a duração das experiências de aprendizagem, considerando as tarefas ou atividades que se contempla realizar, o tipo de recursos que envolvem a metodologia a implementar baseada no conhecimento que tem de seu grupo de alunos (ritmos de aprendizagem, capacidade de concentração, interesses, entre outros).

Ambiente educativo

Tanto o espaço definido para a implementação da experiência como as interações que se desenvolvem durante a experiência educativa influenciam na aprendizagem dos alunos, por isso é necessário organizá-los e planejá-los de forma que atinja a todos.

Estratégias metodológicas

Constituem um aspecto essencial nas experiências de aprendizagem, pois se referem à forma como se desenvolverá a experiência pedagógica para favorecer a aprendizagem dos alunos e sua participação ativa nela, isto é, que respondam à pergunta: Como ensinar?

É fundamental explicitar que as estratégias metodológicas definem a estrutura com que o processo de ensino e aprendizagem se desenvolve ao precisar, por exemplo:

1) As *tarefas e ações* que devem se realizar para desenvolver uma experiência pedagógica, por exemplo, apresentar o

material, combinar com os alunos o uso que será dado a este etc.

2) A *forma* como se realizarão as tarefas ou ações, ou seja, como apresentar o material (por exemplo, com uma perspectiva montessoriana), como se irá combinar com os alunos o uso que será dado ao material (por exemplo, o educador orientará que sejam os próprios alunos que construam as regras de uso necessárias através de perguntas e preferências) juntamente com o educador.

3) A *ordem ou sequência* de cada uma destas tarefas, de modo que resulte um contínuo com sentido e coerência para os alunos, por exemplo, poderia se entregar ao grupo de alunos um novo material e deixar que eles explorem primeiro, para assim favorecer processos de indagação.

4) A *forma como se organizará o grupo de alunos* em cada uma das tarefas envolvidas, por exemplo, pode-se num primeiro momento, para escutar a história do dia, organizarem-se sentados na rodinha; depois, para realizar um trabalho de recreação a respeito, agruparem-se em subgrupos de quatro alunos por mesa.

5) As *oportunidades de participação* que serão dadas aos alunos durante o transcurso das diferentes etapas da experiência de aprendizagem (início, desenvolvimento e encerramento). Além disso, é importante considerar o tipo de participação que a família pode ter em determinadas

experiências educativas, as quais podem contribuir para a aprendizagem dos alunos.

6) O *tipo e quantidade de instruções* que serão entregues aos alunos para proporcionar-lhes a experiência de aprendizagem a desenvolver, por exemplo, pode-se estabelecer que as instruções lembrem a eles mesmos, pois este tipo de experiência já tem se realizado anteriormente, ou o educador pode entregar instruções numa primeira instância e logo chegar a um consenso com os alunos, favorecendo assim uma participação ativa e integral em seu processo educativo.

Todas estas decisões são essenciais, pois manifestam explicitamente a postura que o educador tem sobre o processo de ensino e aprendizagem, sobre como aprendem as crianças e, portanto, sobre qual considera que é a melhor metodologia para aplicar. A decisão a respeito da efetividade de uma metodologia ou outra deve basear-se em análises de cada uma em função da aprendizagem esperada, as características dos alunos da Educação Infantil e o tipo de experiência. É importante mencionar a necessidade de que as estratégias metodológicas sejam coerentes entre si e com as estratégias de mediação. Ambas devem complementar-se e potencializar-se, de maneira a provocar as melhores condições para a aprendizagem dos alunos.

Por último, é fundamental garantir que as estratégias metodológicas planejadas se deem num ambiente educativo lúdico e de bem-estar para as crianças.

Estratégias de mediação

A mediação é outro dos aspectos essenciais no desenho das experiências pedagógicas, pois o papel do educador é *mediar a aprendizagem esperada*, isto é, desenvolver estratégias para acompanhar, apoiar, orientar, facilitar o processo de aprendizagem dos alunos.

Estas estratégias podem ser utilizadas de forma indistinta e não são excludentes entre si, pois é decisão profissional do educador favorecer uma ou outra.

Algumas estratégias para mediar aprendizagens são:

Guiar, sugerir: esta estratégia de mediação consiste em sugerir diversas alternativas para solucionar um problema ou para realizar uma determinada tarefa, de modo que os alunos possam descobrir que, diante de uma situação problemática, não há apenas uma solução possível, ou uma única forma de realizar as tarefas ou de utilizar as coisas. É importante que esta estratégia seja usada depois de se observar o que os alunos fazem diante das tarefas propostas e como resolvem as dificuldades que se apresentam, de maneira a favorecer seu pensamento e oferecer-lhes um leque de possibilidades de ações a respeito.

Modelar: significa participar junto aos alunos no desenvolvimento da experiência de aprendizagem, mostrando-lhes, por meio da ação, uma forma de fazer uma determinada tarefa ou um modo de enfrentar um problema.

Esta é uma estratégia adequada para apoiar os alunos quando não conseguirem solucionar as dificuldades que se encontram no desenvolvimento de uma tarefa, depois de preservá-los.

Também é muito útil para ensinar aos alunos a forma de utilizar uma ferramenta ou um material específico, ou quando aprendem um procedimento determinado.

Problematizar: significa colocar as situações problemáticas que levem os alunos a buscar alternativas de soluções. Esta estratégia pode-se efetivar mediante a realização de perguntas essenciais pelas quais a aprendizagem se constrói, a partir dos conhecimentos e experiências prévias.

Portanto, a partir de perguntas essenciais busca-se que os alunos possam expressar o que conhecem, reflitam, questionem e estabeleçam associações para construir sua aprendizagem.

O **tipo** de perguntas a formular é importante de considerar, pois assim como algumas podem ser de fácil dedução por parte dos alunos, outras podem favorecer o descobrimento de relações que não são evidentes ante uma primeira reflexão.

O **momento** em que formulam as perguntas também é um fator a estimar, pois é necessário resguardar e realizá-las como apoio ou orientação no processo de aprendizagem, evitando que interfiram neste de modo depreciativo.

Por último, é recomendável que assim como o educador modela a formulação de perguntas essenciais, exista abertura em relação a que o próprio aluno as formule; dessa forma exercitará permanentemente dissonâncias cognitivas que podem fortalecer seu interesse por descobrir e aprender.

Avaliação

A avaliação que se propõe é a referida às experiências de aprendizagens oferecidas para o grupo de alunos e, portanto, a respeito dos fatores ou elementos curriculares. Esta avaliação permite retroalimentar o planejamento e, portanto, tomar decisões sobre como melhorar o processo de ensino e aprendizagem que se está efetivando.

Por outro lado, é muito importante que o educador antecipe que fatores ou elementos curriculares medirá, de modo a entendê-los especialmente em cada experiência a desenvolver e, assim, contar com informação relevante para melhorar o processo. Por exemplo, o educador pode observar como foi sua mediação, determinando se as estratégias utilizadas favoreceram a aprendizagem, se a organização do grupo foi a mais apropriada, se facilitou o trabalho em grupo com as orientações dadas, se os recursos foram suficientes quanto ao número ou variados entre si, se as instruções foram claras e completas, se o tempo estimado era suficiente ou se a luminosidade da sala permitia observar as imagens etc.

Participação da família e/ou agentes comunitários

A participação da família é possível na medida em que esteja informada, em termos gerais, dos objetivos que se pretendem atingir, com o grupo de alunos, o papel que podem exercer na aprendizagem dos mesmos, em suas casas.

Quando se considere pertinente e de forma muito organizada, é importante integrar algum familiar dos alunos durante a jornada diária, em alguma experiência de aprendizagem. Dessa forma, poderão observar como aprendem seus filhos, netos ou irmãos menores e, por sua vez, aprender estratégias de mediação simples para implementar fora da escola. Por exemplo, pode-se integrar uma avó que ensine a fazer alguma receita bem gostosa durante o período de tradições multiculturais.

Da mesma forma, dependendo da aprendizagem esperada que se deseja favorecer e selecionando de forma rigorosa a instância adequada, pode-se incorporar algum agente da comunidade que está interessado em atuar com os alunos da Educação Infantil e favorecer uma contribuição para seu processo educativo. Por exemplo: um monitor cultural, integrante de um dos povos originários do nosso país, que compartilhe com as crianças, algumas tradições, como uma apresentação de um grupo de capoeira.

Outra forma de participação é incluir nos planejamentos algumas ações complementares que podem se desenvolver com o apoio das famílias em casa, potencializando e fortalecendo o trabalho realizado na escola.

Formato para o planejamento de experiências de aprendizagem.

No momento de planejar, é necessário considerar que existam alguns componentes que são essenciais para a elaboração de planejamento de qualidade, em que se coloque de forma clara e específica o que e como se deve realizar a experiência educativa no momento de favorecer uma determinada aprendizagem esperada.

Embora o formato de planejamento que se utilize seja uma decisão que cada educador deverá definir em função de suas necessidades e interesses contextualizados, isto significa a possibilidade de selecionar com plena liberdade as opções que melhor correspondam à sua realidade.

Desse modo, propõe-se considerar como mínimo os seguintes elementos:

1) antecedentes gerais;

2) âmbito / núcleo / eixo de aprendizagem;

3) aprendizagem esperada;

4) experiência de aprendizagem;

5) momentos ou etapas;

6) estratégias metodológicas e de mediação;

7) recursos educativos;

8) avaliação dos contextos de aprendizagem envolvidos.

Dada a relevância da participação da família no processo de aprendizagem dos alunos e a importância da articulação entre o nível de transição e o 1º ano do Ensino Fundamental, recomenda-se considerar também a *participação da família e a aprendizagem esperada no 1º ano do Ensino Fundamental.*

Procedimento de planejamento de experiências de aprendizagem. O planejamento educativo é pertinente quando corresponde às necessidades educativas do grupo para o qual foi elaborado.

Esta seleção pode incluir algumas aprendizagens esperadas que se priorizem como comunidade educativa, de acordo com as colocações do projeto político-pedagógico da escola e o diagnóstico do "plano de melhoramento".

Para facilitar o processo de planejamento de experiências de aprendizagem, coloca-se à disposição dos educadores que atuam na Educação Infantil a "pauta de Avaliação da Aprendizagem Esperada".

Seleção de aprendizagens esperadas segundo a "Pauta de Avaliação da Aprendizagem"

A "Pauta de Avaliação das Aprendizagens Esperadas" é um instrumento que permite obter uma visão progressiva sobre a aprendizagem dos alunos durante o ano letivo, pois apoia a avaliação em distintos períodos do processo educativo: avaliação diagnóstica, formativa e acumulativa.

Desse modo, no momento de selecionar as aprendizagens esperadas com as que se desenham nos planejamentos, o educador utilizará esta pauta para diagnosticar o nível de sucesso dos alunos em cada eixo de aprendizagem, identificando se este corresponde a nível:

- Pré I
- Pré II
- Pré III – nível de transição
- 1° ano do Ensino Fundamental

Por outro lado, é necessário considerar que:

- o nível de sucesso obtido pelo grupo constitui o ponto de partida para o planejamento do trabalho do ano letivo;
- devem-se selecionar as aprendizagens esperadas desafiantes para os alunos, sem colocar limite às aprendizagens da Educação Infantil.

Portanto, a partir desta informação diagnóstica, o educador determinará as aprendizagens esperadas que reflitam as expectativas de aprendizagem para os alunos em cada eixo de aprendizagem. Para tal, o educador deverá identificar as aprendizagens esperadas do *nível imediatamente superior ao nível de sucesso obtido pela maioria dos alunos na avaliação.*

Após a realização da avaliação e o resultado desta, o educador selecionará o conjunto de aprendizagens esperadas que sejam desafiantes para os alunos, isto é, as que correspondem ao nível de sucesso para o 1º ano do Ensino Fundamental.

É importante destacar que é possível encontrar diversos níveis de sucesso nos diferentes eixos de aprendizagem, o que conduzirá a selecionar aprendizagens esperadas correspondentes a distintos níveis de sucesso em cada um dos eixos.

Por último, é importante enfatizar que a seleção de aprendizagens esperadas é um dos processos didáticos que definem a qualidade do processo educativo, visto que se o educador decide ensinar num nível de aprendizagem maior ao que é possível os alunos aprenderem, sua aprendizagem poderá associar-se a sentimentos de frustração por não conseguirem atingir as expectativas colocadas ou as sensações relacionadas com o desencanto, pois ao serem tão baixas as expectativas de aprendizagem, o interesse por aprender se perde ou, ao menos, se reduz.

Especificação de aprendizagens esperadas

A maior especificidade corresponde à necessidade de ter mais esclarecimentos a respeito da intencionalidade pedagógica e do que as crianças devem aprender.

Veja nos exemplos a seguir como se podem especificar as aprendizagens esperadas:

Exemplo 1

Núcleo: Linguagem artística

Eixo: Expressão criativa

Aprendizagem esperada n. 1: Recriar a partir de imagens, figuras e objetos, combinando diferentes recursos expressivos que integram algumas noções de organização espacial.

Aprendizagem específica 1: Recriar a partir de *imagens*, combinando diferentes recursos expressivos que integram algumas noções de organização espacial.

Aprendizagem específica 2: Recriar a partir de *figuras*, combinando diferentes recursos expressivos que integram algumas noções de organização espacial.

Aprendizagem específica 3: Recriar a partir de *objetos*, combinando diferentes recursos expressivos que integram algumas noções de organização espacial.

Exemplo 2

Núcleo: Grupos humanos

Eixo: Conhecimento do Entorno Social

Aprendizagem esperada n. 1: Reconhecer a partir de imagens e relatos algumas características da época em que ocorreram sucessos ou se destacaram pessoas relevantes para a história de sua comunidade, do país ou do mundo.

Aprendizagem específica 1: Reconhecer a partir de imagens e relatos algumas características da época em que ocorreram sucessos ou se destacaram pessoas relevantes para a história de sua comunidade.

Aprendizagem específica 2: Reconhecer a partir de imagens e relatos algumas características da época em que ocorreram sucessos ou se destacaram pessoas relevantes para a história do país.

Aprendizagem específica 3: Reconhecer a partir de imagens e relatos algumas características da época em que ocorreram sucessos ou se destacaram pessoas relevantes para a história do mundo.

O fundamental das aprendizagens esperadas é contribuir para o maior esclarecimento da intencionalidade educativa. Desse modo, o processo de ensino-aprendizagem adquire maior precisão.

Uma vez que se tenha selecionado para o semestre o conjunto de aprendizagens esperadas que devam ser oferecidas em cada um dos eixos de aprendizagem, é possível continuar com o processo de planejamento de experiências de aprendizagem, antecipando e articulando os diversos fatores e/ou elementos curriculares que interferem nela.

Para mais esclarecimentos, veja a seguir um fluxograma dos passos que compreende este processo de planejamento.

Fluxograma
Passos do processo de planejamento

Definir a aprendizagem esperada do conjunto de aprendizagens esperadas que seja trabalhado na experiência de aprendizagem variável.

Especificar a aprendizagem esperada definida, identificando assim a habilidade central que será potencializada mediante a experiência de aprendizagem.

Antecipar a organização do ambiente educativo e identificar os recursos e o tempo que se necessitará para o desenvolvimento da experiência de aprendizagem (definindo a quantidade ou proporção requerida para favorecer a exploração de todas as crianças, e a duração, no caso da temporalidade).

Definir estratégias de mediação, explicitando, entre outras, as perguntas-chave que se formularão.

Definir as estratégias metodológicas mais pertinentes para favorecer o sucesso da aprendizagem selecionada (considerando que seja lúdica, que favoreça a autonomia, baseada na experimentação e exploração).

Avaliação de experiência de aprendizagem. Definir os pontos específicos a respeito dos contextos de aprendizagem que possam influenciar durante o desenvolvimento da experiência de aprendizagem.

Planejamento dos períodos constantes

Os períodos que mantém sua intencionalidade pedagógica de médio ou longo prazo, isto é, por uma semana, quinze dias, um mês ou um trimestre, constituem-se também em instâncias de aprendizagem para as crianças.

Os períodos regulares ou constantes possuem uma duração relativa de acordo com o tipo de atividades que são desenvolvidas com eles, por exemplo: um período de cumprimento e chegada pode durar entre 20 e 45 minutos, e um período de finalização de atividades pode desenvolver-se entre 15 a 25 minutos, mas deve-se lembrar de que o contexto define a duração de qualquer período de trabalho, por exemplo, sobre a base dos níveis de atenção e concentração que se apresentam às crianças.

O planejamento destes períodos permite resguardar o sentido pedagógico que tem.

A orientação para planejar estes períodos é:

- dar uma intenção pedagógica ao período, desde a perspectiva do que o educador realiza para favorecer as aprendizagens das crianças à diferença das que se precisa nas experiências variáveis (referentes a uma aprendizagem esperada);
- explicitar algumas ações que se esperam da criança;
- explicitar as estratégias metodológicas;
- explicitar as estratégias de mediação;
- identificar recursos a utilizar.

Por último, o planejamento dos períodos regulares historicamente será desenvolvido com um formato diferente das experiências de aprendizagem, pois, em geral, não consideram, por exemplo, descrição do início, desenvolvimento e encerramento do processo pedagógico ou a inclusão dos elementos complementares de participação da família ou articulação com o 1º ano do Ensino Fundamental. De acordo com as considerações anteriores, a proposta de planejamento dos períodos regulares poderia ser, por exemplo:

Horário	Período	Intencionalidade pedagógica	Ações esperadas dos alunos	Estratégias metodológicas	Recursos a utilizar
08:00 às 08:20	Chegada e cumprimento individual.	Favorecer um ambiente de acolhimento e ordem para cada aluno.	Cumprimentar o educador e seus colegas de forma individual.	Observar e acompanhar o aluno.	Cabideiros Avental

Horário	Período	Intencionalidade pedagógica	Ações esperadas dos alunos	Estratégias metodológicas	Recursos a Utilizar
10:30 às 11:00	Recreio no pátio.	Facilitar a tomada de decisões a respeito dos jogos e brincadeiras a desenvolver.	Escolher jogos e/ou brincadeiras individuais e/ou coletivos.	Guiar, sugerir e formular perguntas-chave.	Pátio organizado com diferentes áreas e equipamentos de jogos. Caixa com materiais de jogo exterior.

Por último, a avaliação destes períodos se refere centralmente aos contextos de aprendizagem e aos elementos e/ou fatores curriculares que influenciam a eficácia do período; ainda podem igualmente realizar-se registros com diferentes instrumentos de avaliação acerca das aprendizagens dos alunos de maneira a contar com informação suplementar na pauta de avaliação.

Orientações para a avaliação

A avaliação permite desenvolver processos educativos pertinentes às exigências de aprendizagem dos alunos. É um processo que se desenvolve com o fim de conhecer e compreender como está acontecendo o processo educativo. Para isso, requer-se a aplicação de instrumentos de avaliação que permitam coletar informação relevante e objetiva, com o fim de realizar juízos de valor e, assim, tomar decisões oportunas e pertinentes para melhorar as práticas pedagógicas.

Dessa forma, a partir da avaliação o educador pode obter informação relevante sobre como os alunos vão avançando ao longo das aprendizagens esperadas e em que medida a prática pedagógica está contribuindo para sua aprendizagem, entre outros.

Características da avaliação

Um processo de avaliação de qualidade deve:

- Ser sistemático, portanto, requer que cada educador realize um planejamento do processo avaliativo. Isto implica que deve antecipar alguns aspectos essenciais, tais como: para que avaliar objetivo e enfoque do processo, o que se quer avaliar, como espera desenvolver o processo de avaliação (com que instrumentos e procedimentos), quando avaliar e quem participará do processo de avaliação (quem será avaliado e quem avaliará).

- Realizar-se de forma permanente, já que é um processo que acompanha e retroalimenta o ensino de forma constante, avaliando as aprendizagens pelo menos em três instâncias:

a) *diagnóstica*, realizada no início do processo educativo;

b) *formativa*, realizada durante o processo;

c) *acumulativa*, desenvolvida ao final do processo de ensino-aprendizagem.

- Permitir ao educador obter evidências sobre as características, dificuldades, progressos e sucessos que obtiveram ou observaram nos alunos. Dessa forma, o educador contará com informações relevantes e objetivas para tomar decisões e realizar modificações pertinentes e oportunas referentes ao processo educativo, de maneira a poder melhorá-lo.

- Orientar a tomada de decisões que realiza o educador em relação às suas práticas pedagógicas. Nesse sentido, as definições e posteriores modificações no planejamento do processo educativo serão baseadas na informação ou avaliação obtida a partir da implementação das experiências de aprendizagem e, portanto, melhorarão a efetividade do fazer educativo.

* Envolver o processo educativo em suas distintas dimensões, portanto, o educador é responsável por avaliar não apenas as aprendizagens dos alunos, mas também os diversos contextos para a aprendizagem, isto é, a organização do tempo e do ambiente educativo, o planejamento e a mesma avaliação, com o fim de melhorá-los progressivamente.

* Ser participativo, já que ao contar com o apoio de distintos agentes educativos, como, por exemplo, o coordenador pedagógico da Educação Infantil e as famílias ou responsáveis pelo cuidado e formação das crianças, é possível que o educador tenha distintas fontes de informação, podendo realizar um processo mais completo.

Nesse sentido, é importante destacar que o educador de cada turma tenha distintas fontes de informação, que podem contribuir fundamentalmente, porque, as famílias, por exemplo, devem estar envolvidas ativamente na educação de seus filhos e conhecer, portanto, como vão avançando em suas aprendizagens, de modo a apoiá-los no referido processo.

Dessa maneira, o educador é responsável por manter a família e responsáveis informados sobre as aprendizagens e sucessos que os alunos apresentem durante o ano letivo, podendo contar com a participação deles para contribuir com informações valiosas sobre as características, requerimentos e avanços que se apresentam em relação às suas aprendizagens, fortalecendo o sucesso de aprendizagens esperadas desde o lar.

Por outro lado, é importante considerar as percepções e opiniões que as crianças manifestam em relação ao processo educativo. Por esse motivo, orienta-se o educador a criar situações em que elas possam compartilhar suas impressões e promover a meta cognitiva.

É recomendável também incorporar ao processo de avaliação outros atores relevantes da escola, tais como outros educadores e professores do 1º ano do Ensino Fundamental, com os quais é necessário manter uma comunicação constante que permita articular adequadamente o trabalho pedagógico de ambos os níveis.

Quando o aluno vai ingressar na turma inicial da Educação Infantil, isto é, no Pré I ou no Maternal, de acordo com a instituição de ensino, o educador responsável pela referida turma deverá agendar uma anamnese, ou seja, uma entrevista com questões previamente elaboradas pela equipe psicopedagógica da escola: pedagogo, psicólogo, caso a escola disponha deste profissional, juntamente com o educador, com o objetivo de colher informações relevantes que fazem e/ou que fizeram parte do cotidiano da criança no lar, junto à família.

Apresentamos a seguir uma sugestão de anamnese; salientamos, no entanto, que cada estabelecimento de ensino deverá elaborar o referido material de acordo com sua própria realidade e a realidade de sua clientela de alunos.

2.4 Anamnese[4]

1) Dados pessoais

Nome:_____

_____

Data de nascimento: _____/_____/_____
Idade / na anamnese: _____ anos e _____ meses
Série: _____ Ano: _____
Filiação: Pai _____

_____

Mãe _____

_____

2) Evoluções gerais

1) A vinda da criança foi programada ou acidental?
2) A gestação foi tranquila?
3) Os cuidados pré-natais foram seguidos?
4) Como foi o parto? E o pós-parto?

---

4. Esta anamnese deverá ser aplicada preferencialmente pelo psicopedagogo ou psicólogo da escola, caso esta possua. Caso não tenha, poderá ser aplicado pelo pedagogo.

5) Houve mudanças na vida de vocês com a chegada do bebê?

6) O bebê foi amamentado com leite materno? Durante quanto tempo?

3) História das primeiras aprendizagens

1) Quando a criança começou a sentar?

2) Ela engatinhou? Com que idade? Durante quanto tempo?

3) Quando andou?

4) Com quantos anos começou a falar?

5) A partir de que idade controlou os esfíncteres?

6) Fez uso de chupeta? E de mamadeira?

7) Dormiu sozinho quando pequeno? E agora?

8) Como é o seu sono? Período que dorme (tempo). Como são os horários?

9) Brinca sozinho ou acompanhado?

10) Como se locomove no espaço hoje? (Correr, saltar, subir, pular, andar...) Sabe pedalar? (velocípede / bicicleta)

11) Desenvolvimento dos motores finos. Como evoluiu? Manipula tesoura? Faz uso de objetos de escrita? Quais?

12) Gosta de desenhar? Desenvolvimento do grafismo? (fase)

13) Quais características vocês dão ao seu filho? Positivas ou negativas? (pai e mãe)

4) História da família nuclear

1) Fale um pouco do relacionamento de vocês antes e depois da chegada dos filhos.

2) O que mudou com a chegada do bebê?

3) Ele possui irmãos? Como é o relacionamento deles?

4) Houve algo no desenvolvimento deles que mereça ser relatado?

5) Houve perdas na família?

6) Vocês possuem algum vício?

7) Participam de eventos sociais com seu filho?

8) Vocês trabalham fora? Quem cuida da criança na ausência de vocês?

5) Histórias clínicas

1) Adquiriu alguma doença infantil? Quais?

2) Tomou as vacinas indicadas para o primeiro ano de vida?

3) Fez alguma cirurgia?

4) Apresenta problemas de saúde que exijam cuidados especiais?

5) Faz algum acompanhamento médico e assistência de especialistas regularmente? Quais?

6) Período de avaliação desses profissionais (semanal/mensal/anual).

7) Já sofreu alguma fratura, luxação ou deslocamentos ósseos?

8) Apresenta problemas:

VISUAIS   (   ) SIM (   ) NÃO

AUDITIVOS (   ) SIM (   ) NÃO

NA FALA   (   ) SIM (   ) NÃO

6) História escolar

1) Com que idade a criança ingressou ou está ingressando na escola?

2) Adaptou-se bem?

3) Ela mudou de escola alguma vez?

4) Descreva brevemente seu desempenho / desenvolvimento escolar? (evolução / aprendizagens)

5) Seu filho demonstra interesse por leitura (ouvir e contar histórias), TV, música, computador, dança, artes plásticas...?

Avaliação das aprendizagens esperadas

Para apoiar os educadores no processo de avaliação de aprendizagens, é recomendável elaborar uma pauta para conhecer o nível de sucesso alcançado pelas crianças em relação às aprendizagens esperadas. Esta pauta permite selecionar as aprendizagens esperadas que se deseja alcançar durante o processo educativo.

Pauta de avaliação para as aprendizagens esperadas

Este instrumento consiste num registro de observação que permite avaliar as aprendizagens esperadas, identificando o nível de sucesso que alcançaram os alunos em cada eixo de aprendizagem, tanto de forma individual como grupal, e identificar as aprendizagens que se constituem nos novos desafios para a aprendizagem: nível de sucesso e o que for aprendido em cada semestre.

Para organizar as aprendizagens esperadas nos quatro níveis de sucesso contidos na pauta e traçar os indicadores de sucesso, devem ser utilizados os mapas de progresso.

Um ponto importante também na elaboração desta pauta é que o nível de aprendizagem das crianças não é um processo linear, nem homogêneo, dado que esteja determinado tanto pela maturidade como pelas influências do entorno; desse modo, o nível de sucesso que podem alcançar não depende exclusivamente ou preponderantemente da idade. Por esta razão, o princípio de potencialização das aprendizagens, deve-se elaborar esta pauta considerando quatro níveis de sucesso progressivos de complexidade ascendentes quanto à exigência.

Pré I
Pré II
Pré III
1º ano do Ensino Fundamental

Isso permite identificar o nível de sucesso que cada criança tenha alcançado independentemente da turma em que ele esteja.

Por outro lado e devido a esta pauta, permite-se obter informação diferenciada por cada eixo de aprendizagem; é possível detectar as diferenças dos níveis de sucesso que podem ocorrer entre os eixos de um mesmo núcleo.

Junto com o poder de identificar o nível de sucesso real que alcançará cada aluno nos diferentes eixos de aprendizagem, esta nova pauta permite ao educador selecionar o conjunto de aprendizagens esperadas que se constitui no desafio para seu grupo de alunos, ou seja, o nível de desenvolvimento potencial. Dessa forma, a pauta de avaliação das aprendizagens esperadas é um instrumento que nutre e orienta o planejamento educativo.

Processo de consolidação

Com o objetivo de contribuir para a consolidação e confiabilidade do instrumento, o segmento de Educação Infantil realizará dois processos de validade:

1) O primeiro consistirá numa aplicação piloto, em que solicitar-se-á a um grupo de educadores que trabalhem no 1º ano do Ensino Fundamental que apliquem a pauta com um grupo de alunos de suas turmas e informem aspectos relevantes, como qualidade dos indicadores, estrutura da pauta (formato, informação contida), funcionalidade (facilidade e tempo de aplicação), facilidade nas análises de informação e qualidade do guia de aplicação.

2) O segundo processo consistirá numa avaliação realizada por especialistas na área de avaliação. Neste processo deverá ser realizada a análise da qualidade dos indicadores, pertencentes à graduação de indicadores e qualidade do guia de aplicação.

Aplicação da pauta

Para dar rigor ao processo avaliativo, propõe-se que este instrumento seja aplicado considerando a informação obtida a partir de estratégias como:

1) Registros de observação espontânea dos alunos em distintos períodos da jornada escolar. Por exemplo, observar durante o recreio ou obter informações a partir de diálogos espontâneos entre os alunos ou entre adultos (educador ou coordenador pedagógico) com as crianças.

2) Experiências de aprendizagem em que se realize observação intencionada de alguns indicadores em particular de alguns alunos.

3) Informação recolhida a partir de registros gráficos tais como desenhos dos alunos ou fotografias incluídas em portfólios ou pastas.

A avaliação deverá ser realizada pelo menos em três ocasiões durante o ano letivo:

1) No início do ano, como avaliação diagnóstica para identificar o nível de sucesso que os alunos alcançaram no início do período letivo. Esta informação constitui um dado essencial para orientar o esboço dos planejamentos para o primeiro semestre, podendo antecipar estratégias pedagógicas pertinentes às necessidades dos alunos.

2) No meio do ano, como avaliação formativa, com o objetivo de visualizar os avanços que os alunos alcançaram

em relação à avaliação diagnóstica. Constitui um dado para os planejamentos do segundo semestre, permitindo reorientar o processo educativo em função dos avanços e desmandos que se detectem.

3) No final do ano, como avaliação acumulativa, para identificar os avanços durante o segundo semestre e elaborar conclusões sobre todo o ano escolar. Nesta avaliação, é possível comparar os resultados da avaliação diagnóstica com a informação fornecida pela avaliação acumulativa, o que permite identificar o nível de sucesso que os alunos obtiveram em relação às aprendizagens esperadas. Além disso, constitui um dado para elaborar os informes finais às famílias e aos professores do 1º ano do Ensino Fundamental.

A partir da informação conseguida na pauta, é possível contar com evidências sobre o processo de aprendizagem de cada aluno em três momentos-chave do ano.

Entre uma avaliação e outra existe um período de tempo para favorecer as aprendizagens esperadas por meio de diversas estratégias. Dessa maneira, cada educador poderá contribuir para que elas se consolidem e perdurem nos alunos.

Considerando que a pauta se aplicará durante o ano e que não é possível que os alunos alcancem uma aprendizagem esperada a partir de uma única experiência de aprendizagem, orienta-se o educador a não avaliar as aprendizagens esperadas ao final de cada uma das experiências de aprendizagem. Isso permitirá que durante sua execução o educador possa concentrar seus esforços na mediação da aprendizagem esperada e em criar as melhores condições de aprendizagem, respeitando os diferentes ritmos de aprendizagem das crianças.

É fundamental que o educador e o coordenador pedagógico observem com atenção o comportamento dos alunos, fazendo registros a partir de diversos meios. Estes registros constituem-se num importante dado para completar a pauta de avaliação a partir da informação já reunida em diferentes instâncias.

Relação dos resultados da aplicação da pauta de avaliação com o planejamento de experiências de aprendizagem
Como foi dito anteriormente, ao aplicar a pauta de avaliação o educador conhecerá o nível de sucesso real que os alunos das turmas alcançaram e a partir desta informação planejará o processo educativo.

Ao contar com o nível de sucesso de cada um dos alunos em cada eixo de aprendizagem, pode-se identificar o nível de sucesso que se deve planejar alcançar, o qual corresponde ao imediatamente superior ao obtido pelo grupo.

Uma vez definido isso, deve-se selecionar as aprendizagens esperadas para o 1º ano do Ensino Fundamental.

2.5 Avaliação das aprendizagens esperadas

Como um complemento à avaliação das aprendizagens esperadas, e com a finalidade de melhorar constantemente os processos educativos que cada educador desenvolve, é necessário que a equipe pedagógica das turmas incorpore a avaliação das experiências de aprendizagem como uma prática sistemática. Dessa maneira, o educador e o coordenador pedagógico da Educação Infantil podem retroalimentar o trabalho que realizam diariamente nas turmas, conhecendo as principais fortalezas e deficiências de suas práticas pedagógicas em cada contexto de aprendizagem envolvido e, a partir disso, melhorar progressivamente as estratégias que utilizam para favorecer a aprendizagem dos alunos.

É importante que este seja um processo de reflexão e análise realizado em grupo, ou seja, o educador conduz a avaliação junto com o coordenador pedagógico.

Para executar esta avaliação de maneira sistemática, é necessário que o educador e sua equipe técnica pedagógica se reúnam para refletir e dialogar sobre aqueles aspectos que consideram mais relevantes ou necessários de analisar nas distintas experiências de aprendizagem, considerando que estes podem variar através do tempo em função das necessidades que são observadas.

Uma vez que foram definidos os aspectos a avaliar, o educador pode incluir perguntas, indicadores, elementos curriculares a observar, podendo registrar a informação de maneira mais ordenada. Por exemplo, é possível considerar as seguintes perguntas: A experiência de aprendizagem correspondeu à aprendizagem selecionada esperada? Que outras estratégias metodológicas podem ser utilizadas para potencializar a aprendizagem esperada? De que maneira poderia ser estabelecida maior coerência entre os momentos início, desenvolvimento e encerramento? Entre outras questões.

Contribuições da pauta de avaliação

Esta pauta constitui uma ajuda para os educadores porque permite avaliar as aprendizagens esperadas.

1) Proporciona informação sobre os níveis de sucesso que os alunos alcançaram em cada eixo de aprendizagem, portanto, propicia uma seleção de aprendizagens esperadas pertinentes aos níveis de exigência que os alunos da Educação Infantil requerem.

2) Constitui um instrumento de avaliação objetivo que foi validado para garantir sua qualidade; portanto, favorece a seriedade ao desenvolver processos de avaliação.

3) Não requer materiais sofisticados para observar e logo registrar a informação, pois a maioria dos indicadores pode ser observada nas situações cotidianas.

4) Facilita o processo de planejamento uma vez que lança resultados individuais e grupais.

Informes pedagógicos

Propõe-se elaborar e entregar informes sobre os resultados obtidos na avaliação dos alunos (isto é, três vezes no ano, pelo menos). Devem ter linguagem clara de modo a serem facilmente compreendidos pela família, conter as aprendizagens alcançadas pelos alunos de maneira que recebam informação periódica sobre o processo de aprendizagem de seus filhos.

Outro aspecto importante a considerar é informar aos educadores que ficarão a cargo dos alunos no próximo ano sobre o nível de sucesso alcançado. Por exemplo, no final do ano é importante que o educador da Educação Infantil faça uma troca de informações mediante um informe sobre os resultados obtidos pelos alunos; o educador pode entregar e dialogar a respeito desse informe com o professor do 1º ano do Ensino Fundamental.

Uma informação precisa e o mais objetiva possível constitui um dado importante para antecipar algumas estratégias pedagógicas que serão utilizados e os desafios que serão oferecidos no momento de receber os alunos na nova turma.

Finalmente, é importante que cada educador se encarregue de resguardar a linguagem e o modo que apresenta a informação a todo o momento, de maneira que esta se realize a partir de uma perspectiva clara, precisa, positiva e cordial, evitando que se classifique o aluno diante de X situação ou em X momentos da jornada diária, caso comporte-se de maneira inquieta. Além disso, explicitar estas informações pode evidenciar com registros escritos ou gráficos aquilo que se deseja transmitir; assim, a informação adquire maior relevância e validade.

2.5.1 Experiências de aprendizagem

Núcleo de aprendizagem

Linguagem Verbal, Relações Lógico-matemáticas e Quantificação e Seres Vivos e seu Entorno

A seguir, apresentamos alguns quadros incluindo atividades que são experiências de aprendizagem do núcleo de aprendizagem para o educador a trabalhar a linguagem verbal, as relações lógico-matemáticas e quantificação e seres vivos e seu entorno.

Nome das experiências de aprendizagem: Jogando com as palavras.

Âmbitos de experiência para a aprendizagem: Comunicação.

Núcleo de aprendizagem: Linguagem oral.

Eixo de aprendizagem: Preparação para a leitura.

Aprendizagem esperada: Reconhecer que as palavras são formadas por sílabas e que algumas delas têm as mesmas sílabas finais.

Aprendizagem esperada específica: Reconhecer palavras que têm a mesma sílaba final.

Início	Desenvolvimento	Encerramento	Avaliação
O educador convidará os alunos para brincarem com as rimas. Começará com os nomes próprios das crianças do grupo. Para exemplificar, exibirá no quadro o nome **"Roberto"**, solicitando que os alunos o repitam em voz alta e perguntará por outros nomes que terminam com - **to**. Complementará dando outros exemplos: **Alberto, Norberto, Gilberto**. Continuará fazendo o exercício com vários nomes próprios dos alunos. Logo aumentará o grau de dificuldade do jogo, convidando-os a inventar orações com rimas. O educador dará o enunciado e os alunos completarão a rima, por exemplo:	Posteriormente, o educador convidará os alunos a formar grupos para jogar com as palavras. Cada grupo terá cartões (de cartolina branca) com uma imagem em um lado e, no reverso, com a palavra correspondente. Cada grupo terá um conjunto de cartões. O educador explicará que os alunos deverão juntar todas as palavras que rimem e os apoiará, incentivando-os para que busquem as semelhanças nas palavras e apoiem-se nas imagens.	Para finalizar, o educador pedirá que cada grupo apresente aos companheiros o conjunto de palavras que rimam. O restante do grupo poderá interferir se observarem que algumas palavras não rimem ou se conhecerem outras palavras que tenham o mesmo som final. A seguir, o educador iniciará um diálogo para saber o que os alunos aprenderam com a experiência; algumas perguntas podem ser feitas: O que vocês aprenderam com esta atividade (experiência)? De que vocês mais gostaram?	As palavras entregues foram compreensíveis para os alunos? A organização dos alunos favoreceu o desenvolvimento da experiência (atividade)? O tempo destinado à experiência foi suficiente? **Para saber mais...** Os alunos que desenvolveram a consciência fonológica reconhecem a existência de palavras curtas e mais longas, há palavras com sons finais similares (aliterações);

148

Eu me chamo **Emília** e gosto muito de minha **família**. Eu me chamo **Marisol** e gosto muito do **sol**. Meu nome é **Mariana** e gosto muito de andar na **grama**.

Cada uma das criações será escrita pelo educador no quadro ou com caneta pilot numa folha de papel AP24, afixada ao quadro. À medida que as palavras forem sendo escritas, o educador as falará em voz alta. Ele destacará as **sílabas finais** com a caneta pilot, quando houver uma rima efetivamente.

Recursos pedagógicos

Quadro branco ou quadro de giz, caneta pilot, folha de cartolina ou papel-cartão branco, figuras ou desenhos correspondentes às palavras e às rimas destas, contact transparente para encapar os cartões para protegê-los.

Com que palavras vocês mais gostaram de fazer rima?

Como vocês perceberam quando as palavras rimavam?

Trabalho com a família

O educador falará sobre o objetivo e a importância que esta experiência tem para os alunos iniciarem na leitura e na escrita posteriormente: Ele solicitará aos pais que perguntem aos seus filhos que jogo fizeram com seus nomes e os convidem a jogar com os filhos.

reconhecem que as palavras são compostas por sílabas, sem que os alunos conheçam o significado de uma sílaba sem perceberem que as palavras são compostas por pequenos segmentos.

Nome das experiências de aprendizagem: Buscando palavras.

Âmbitos de experiência para a aprendizagem: Comunicação.

Núcleo de aprendizagem: Linguagem verbal.

Eixo de aprendizagem: Preparação para a leitura.

Aprendizagem esperada: Reconhecer palavras à primeira vista.

Aprendizagem esperada específica: Reconhecer palavras à primeira vista.

Aprendizagem esperada I: Reconhecer à primeira vista um grupo de vinte e cinco palavras a partir de suas características gráficas.

Início	Desenvolvimento	Encerramento	Avaliação
O educador organizará o grupo de alunos em semicírculo e criará um clima tranquilo e agradável. Ele convidará os alunos para conhecerem uma história nova. Para isso, o educador deverá conseguir uma história com ilustrações bem grandes; ele poderá ampliar as ilustrações de um livro de histórias e digitar o texto. Ele deverá realizar a leitura da história em voz alta, clara e fazendo inflexões de voz. Antes de começar, o educador deverá mostrar a história e solicitará que os alunos façam previsões a respeito do texto.	O educador convidará os alunos a trocar as imagens do texto por palavras. Cada vez que aparecer uma ilustração, pedirá que os alunos falem em voz alta a palavra que deverá estar no texto. Ele convidará um aluno para recontar a história em conjunto com os demais alunos. Mostrar aos alunos que existem palavras no texto que podem ser substituídas por outras (sinônimas). Por exemplo: A princesa era muito bonita. A princesa era muito bela. **Recursos pedagógicos** Livro de história, ilustrações do texto ampliadas.	Para finalizar, o educador solicitará que os alunos façam desenhos dos personagens, situações ou objetos que aparecem na história. Pedir aos alunos para criarem outras histórias, desenhando-as e contando-as para o educador que, à medida que o aluno for contando-a, deverá ir escrevendo-a. **Trabalhando com a família** O educador explicará à família as experiências que estão sendo realizadas para a preparação para a leitura a fim de que em casa possam realizá-las com seus filhos. Para isso, o educador deverá enviar um livro de histórias	• A experiência de aprendizagem permitiu aos alunos terem contato com a escrita? Por quê? • Que aspectos da prática pedagógica precisam melhorar para a experiência seguinte? • Como foi favorecida a metacognição no encerramento da experiência? **Para saber mais...** Cada vez que se integre ao Cantinho de Leitura um novo texto (história), é importante que o educador elabore uma ficha que compreenda: fotocópia da capa, autor, ilustrador, ano de publicação, resumo do

O educador poderá perguntar a eles, por exemplo: Vocês acham que a história é sobre o quê? Por quê? O educador lerá o texto várias vezes, de maneira que os alunos se familiarizem com ele.		pelos alunos num dia da semana preestabelecido e combinado com os pais com antecedência, na sexta-feira, por exemplo. Os alunos deverão retornar com o livro na segunda-feira para a escola. O educador deverá pedir a alguns alunos que contem a história para os demais na rodinha. No dia seguinte, solicitará a outros que contem até que todos tenham contado.	livro, tipo de texto (conto, lenda, poesia, história em quadrinhos).

Nome das experiências de aprendizagem: Chegou carta para mim.

Âmbitos de experiência para a aprendizagem: Comunicação.

Núcleo de aprendizagem: Linguagem verbal.

Eixo de aprendizagem: Preparação para a leitura.

Aprendizagem esperada: Representar graficamente mensagens simples com o objetivo de comunicar algo por escrito, utilizando com liberdade alguns grafismos e respeitando a forma de algumas letras e palavras e outros aspectos da escrita regular, como direção e sequência, organização e distância.

Aprendizagem esperada I: Produzir e reproduzir, na forma manuscrita e digital, textos breves e compreensíveis para comunicar opiniões ou sentimentos sobre conteúdos que lhes são familiares.

Início	Desenvolvimento	Encerramento	Avaliação
O educador iniciará a experiência lendo um poema ou relato breve sobre receber notícias importantes (nascimento, aniversários etc.), comentando a importância do que é receber mensagens dos demais. O educador dirá aos alunos que receberam uma mensagem; convida-los-á para observar a carta e incentiva-los-á a "interrogar" o texto, fazendo perguntas como: O que é isso? Por que acham que é uma carta? Uma vez que os alunos tenham identificado o formato de uma carta, o educador lhes pedirá para fazerem algumas previsões:	Depois de concluída a etapa de "interrogação" ao texto, o educador convidará os alunos para escreverem cartas que escolherem. O educador pedir-lhes-á que pensem no que desejam escrever na carta, isto é, o que querem dizer ao colega. Oferecerá aos alunos a possibilidade de "escrever" a carta a partir de desenhos, com palavras (escritas pelo educador), ou com figuras recortadas de revistas ou jornais. O educador apoiará os alunos que o solicitarem, escrevendo o texto que estes ditarem. Além disso, colocará à disposição dos alunos os seguintes elementos: a data	Depois de concluída a experiência de escritura das cartas e seus respectivos envelopes, o educador solicitará que os alunos depositem a carta na caixa de correio que foi confeccionada previamente. Antes de finalizada a jornada, dois ou três alunos ficarão num círculo, representando os carteiros e entregarão as cartas correspondentes a cada aluno que foi o destinatário. Alguns alunos poderão compartilhar as cartas recebidas "lendo-as" para os colegas. O educador apoiará	"As perguntas foram desafiantes?" "Por quê?" "De que maneira a estratégia de organização dos alunos favoreceu o desenvolvimento da experiência?" "Os cartões de palavras estão atualizados?" **Para saber mais...** A interrogação ao texto é uma estratégia metodológica que se baseia no interesse do aluno por extrair o significado de um texto. Os alunos que têm contato com a linguagem escrita possuem diversas informações

O que vocês acham que diz a carta? Quem a enviou? Como ela chegou na sala? Quando acham que a carta foi escrita? Por quê?

Recursos pedagógicos

Carta escrita dirigida ao educador. Cartões com os nomes dos alunos que estejam ao alcance para que possam ser copiados. Folhas de papel ofício e envelopes para cada aluno. Dia, mês e ano escritos no quadro de giz ou quadro branco para que os alunos possam copiar. Caixa de correio: uma caixa encapada e fechada com uma abertura para introduzir as cartas.

escrita no quadro de giz ou quadro branco, cartões com os nomes dos alunos e cartões de palavras para que eles copiem na sua carta. O educador deverá lembrar aos alunos que escrevam o nome deles no final do texto e, no verso da carta, o nome do destinatário.

Trabalho com a família

Solicitar à família que apoie seus filhos para responder à carta. O educador enviará o modelo de uma carta simples para orientar a experiência. A resposta à carta será compartilhada no dia seguinte na escola.

a experiência através de perguntas, tais como: "Quem você acha que lhe escreveu a carta?" "Por quê?" "O que você acha que ele disse?" "Que palavras do texto você conhece?" educador diz aos alunos que podem levar as cartas e compartilhar com suas famílias em casa. Esta experiência pode ser enriquecida, levando os alunos a uma agência de correios para observarem o processo de envio de uma carta com selos.

prévias acerca desta que lhes permite perceber símbolos distintos relacionados com a situação que envolve o texto, suas características, tipo de diagramação, ilustrações, tipos de letra e outros símbolos linguísticos. Quando um aluno brinca de ler, utiliza um conjunto de recursos (reconhece palavras e as associa com situações vividas, segue o texto com o dedo e diz "estou lendo") para descobrir o sentido de um texto.

Nome das experiências de aprendizagem: Quantos elementos há?

Âmbitos de experiência para a aprendizagem: Relação com o meio natural e cultural.

Núcleo de aprendizagem: Relações lógico-matemáticas e quantificação.

Eixo de aprendizagem: Raciocínio lógico-matemático.

Aprendizagem esperada: Resolver problemas práticos e concretos que envolvam noções e habilidades de raciocínio lógico-matemático e quantificação (nível de transição).

Início	Desenvolvimento	Encerramento	Avaliação
O educador convidará os alunos para participarem de um jogo de pistas. Para tal, solicitará que os alunos sentem em círculo e explicará a ideia do jogo, dando pistas e os alunos vão descobrindo a que objeto da sala se refere; por exemplo: "é de forma quadrada, tem vidro e pode-se ver o pátio através dela (a janela), ou tem forma retangular e pode-se escrever com caneta qualquer palavra ou número que decidam (quadro)". Uma vez que tenham-se dado alguns exemplos, o educador convidará um aluno para escolher um objeto da sala em silêncio e formular pistas ele mesmos, para que os demais descubram a que se refere. O educador pode apoiar os alunos que solicitarem ajuda, delineando	Posteriormente, o educador convidará o grupo para realizar outro jogo de pistas, descobrindo a quantidade e o tipo de quadrados que foram escondidos em um saco. Para tal, o educador contará com um "saco de quadrados" e, além disso, distribuirá um saco igual para cada aluno. O educador retirará todos os quadrados do saco e, sem que os alunos vejam, selecionará um conjunto de quadrados de diferentes características e os esconderá no interior de seu saco. Ele convidará os alunos a descobrir que quadrados foram selecionados, a	O educador convidará os alunos a "brincar de gestos". Uma criança pensa em um animal e o representa com gestos, sem sons nem palavras. Os demais alunos deverão descobrir de que animal se trata. Para finalizar, o educador estabelecerá um diálogo, formulando perguntas, tais como: "Por que vocês acreditam que é importante prestar atenção nas pistas que forem entregues?"	• As instruções dadas foram compreendidas pelos alunos? • Como se manifestou a participação ativa dos alunos na experiência? • A quantidade de material foi suficiente? **Para saber mais...** Quando os alunos compreendem as "pistas" e descobrem a seleção que se realizará, descartando outras alternativas, significa que colocam conhecimentos e capacidades

154

alguma característica do objeto a ser descoberto. Repetir este exercício uma, duas ou três vezes.

O educador formulará perguntas com os referidos grupos e como descobrirão a resposta correspondente: "Quantos quadrados há ao todo?" "Quantos quadrados vermelhos há?" "Quantos verdes?" "Como descobriram a resposta?" "Vocês precisaram de todas as pistas para saber as cores dos quadrados que existem no saco?" "Por quê?"

Recursos pedagógicos
Um saco que não seja transparente por grupo, com quatro quadrados de quatro cores diferentes: vermelho, azul, amarelo e verde (16 quadrados ao todo). Um saco igual para o educador.

partir de diversas pistas que irá entregando durante o jogo. À medida que o educador for entregando as pistas, os alunos retirarão os quadrados de seus sacos, os localizarão sobre a mesa e os trocarão de acordo com as indicações que forem escutando, até descobrirem quais são os quadrados que estão escondidos no saco do educador. Por exemplo: No meu saco tenho:
Pista 1: "Cinco quadrados".
Pista 2: "Os quadrados são de cores diferentes".
Pista 3: "Não há quadrados amarelos ou azuis".
Pista 4: "Há três quadrados vermelhos."

Trabalho com a família
Educador convidará algumas pessoas da família dos alunos para participarem da experiência na sala de aula. Ele explicará o que espera que os alunos aprendam e, no final, convidará os familiares a proporem problemas simples para resolverem com os alunos em casa, dando-lhes algumas dicas.

à prova com a observação e a associação de ideias. É uma habilidade que antecede a de hipotetizar.

Nome das experiências de aprendizagem: Comprando ovos.

Âmbitos de experiência para a aprendizagem: Relação com o meio natural e cultural.

Núcleo de aprendizagem: Relações lógico-matemáticas e quantificação.

Eixo de aprendizagem: Raciocínio lógico-matemático.

Aprendizagem esperada: Resolver problemas práticos e concretos que envolvem noções e habilidades de raciocínio lógico-matemático e quantificação.

Aprendizagem esperada específica: Na resolução de problemas que colocam em jogo os conteúdos do semestre, compreendem no que consiste o problema, resolvem-no e encontram a solução.

Início	Desenvolvimento	Encerramento	Avaliação
Previamente, o educador modelará a experiência de aprendizagem para que posteriormente as crianças a realizem em seus respectivos grupos. Para isso: • Convidará as crianças para se sentarem em meia-lua para observarem e participarem da experiência. • Colocará o seguinte problema: "Cheguei ao supermercado e comprei ovos. Entregaram-me nestas duas bandejas" (uma bandeja tem três ovos (bolas) e a outra bandeja quatro ovos (bolas)). Pergunta: "Há a mesma quantidade de ovos (bolas) nas duas bandejas?" "O que podemos fazer para saber a quantidade de ovos (bolas) que há em cada bandeja?"	O educador convidará os alunos para brincar de "comprar ovos (bolas) no supermercado", tal como ele fez. Os alunos se organizarão em subgrupos e se distribuirão duas bandejas de seis ovos (bolas) em cada uma. Ele proporá que em cada grupo algumas crianças sejam compradores de ovos (bolas) e os demais vendedores. A ideia é que logo troquem de posição. O educador irá dando orientações em voz alta e as escreverá uma por uma no quadro branco ou quadro de giz. Ele mostrará com sua própria bandeja e "ovos" (bolas), de modo que os alunos possam segui-lo. Algumas possíveis orientações: **Compradores:** • Se tem três ovos (bolas) e precisam de seis, quantos ovos (bolas) terão que comprar? • Se tem um ovo (bola) e precisam de seis, quantos ovos (bolas) terão que comprar?	O educador fará perguntas aos alunos para saber o que aprenderam e como aprenderam. *Perguntas* • O que fizeram para resolver os problemas? O que foi mais difícil? Se faltaram elementos numa bandeja o que teve que ser feito para completar a bandeja? Convidar os alunos para desenharem a bandeja cheia de ovos (bolas) numa folha em branco e que escrevam os números que correspondem na frente da bandeja correspondente. Para finalizar a experiência pode-se organizar	• O modelo realizado serviu de contribuição para a compreensão do trabalho a realizar? Por quê? • Em que aspectos a experiência foi desafiante para os alunos? **Para saber mais...** Para que os alunos possam realizar esta experiência, é necessário que contem com os seguintes conhecimentos matemáticos: • Conhecer e aplicar uma sequência numérica;

156

(Orientar de maneira que os alunos descubram que terão que contar os "ovos" (bolas) para responder.) Em seguida, o educador lhes perguntará: "Com quantos ovos (bolas) se encherá a bandeja?" "Então, quantos ovos (bolas) precisarão ser colocados para que esta bandeja fique completa?" O educador lhes pedirá que se reúnam em seus respectivos grupos para resolver outros problemas.

Recursos pedagógicos

Para o educador: duas bandejas de seis ovos mais doze bolas de tênis de mesa.

Para os grupos de alunos: uma bandeja com seis ovos (bolas de ping-pong) por grupo.

• Se tem quatro ovos (bolas) e quebram dois, quantos terão que comprar para encher a bandeja?

Para resolver os problemas, orientar-se-á os alunos que utilizem as bandejas e os "ovos" (bolas) que contarem. Na medida em que o educador vá fazendo as perguntas, ele dará um tempo para que os grupos resolvam os problemas, exercitem com o material e logo compartilhem suas respostas.

O educador percorrerá as mesas e apoiará os alunos quando solicitarem, fazendo perguntas como, por exemplo: "Quantos ovos (bolas) tem aqui?" "Quantos espaços existem entre os ovos (bolas)?" "Como se deram conta disso?" ou "Como perceberam isso?" Também poderá contar junto com os alunos ou sugerir que o façam para poderem responderem às perguntas.

um negócio ou bazar na sala de aula e os alunos podem brincar de vender e comprar outros elementos.

Trabalho com a família

Explicar a família que as experiências cotidianas são uma excelente oportunidade para fortalecer o pensamento matemático. Dar alguns exemplos de problemas simples relacionados com a vida cotidiana. Por exemplo: Pôr a mesa, dizer: quantos garfos tem que colocar de acordo com o número de pessoas que irão almoçar? Quantos guardanapos faltam colocar? etc.

• Saber que para contar podem partir de qualquer objeto, mas uma vez feita a seleção, não é possível trocar;

• Ao contar, não se pode passar duas vezes pelo mesmo objeto;

• Saber quando parar de contar;

• Reconhecer a importância de contar como procedimento que permite responder a pergunta: Quantos há?

157

Nome das experiências de aprendizagem: Conhecendo meu bairro.

Âmbitos de experiência para a aprendizagem: Relação com o meio natural e cultural.

Núcleo de aprendizagem: Relações lógico-matemáticas e quantificação.

Eixo de aprendizagem: Raciocínio lógico-matemático.

Aprendizagem esperada: Identificar a posição de objetos e pessoas mediante a utilização de relações de orientação espacial de localização, direção e distância e noções de direita e esquerda (em relação a si mesmo).

Aprendizagem esperada específica: Identificar a localização de um lugar num mapa.

Aprendizagem esperada I: Comunicar e interpretar informação relativa ao lugar em que estão localizados objetos ou pessoas (posições), dar e seguir instruções para ir de um lugar ao outro (trajetória).

Início	Desenvolvimento	Encerramento	Avaliação
O educador(a) perguntará aos alunos o que é um mapa e anotará suas contribuições no quadro branco ou quadro de giz. Posteriormente, explicará o que é e para que serve. Depois, mostrará um mapa do bairro onde se encontra a escola, identificando com diferentes símbolos as instituições e lugares significativos para as crianças. O educador fará perguntas sobre o que observam e que elementos reconhecem. Pedirá a eles que identifiquem onde está a escola, fará algumas perguntas como, por exemplo: "Por que	Uma vez selecionado o lugar para passear, cada criança receberá o mesmo mapa em tamanho ofício mais um lápis de cor. O educador solicitará a cada um que observe o mapa com atenção e faça um círculo no lugar que decidiu ir. O educador perguntará: "Em que parte do mapa está o lugar que escolheram?" "Como souberam disso?" "Que outro lugar fica na mesma quadra?" "O que fica na frente de...?" Depois, cada um decidirá qual a trajetória que será melhor para chegar ao lugar e marcará com o lápis de cor. O educador apoiará o trabalho percorrendo as mesas e fazendo perguntas sobre o que está sendo realizado. Em seguida, alguns alunos podem mostrar seu trabalho explicando porque acreditam que é mais	Uma vez realizada a visita, relembram a trajetória feita utilizam, para isso, o mapa, novamente. (Marcar a volta com cor diferente do caminho de ida.) O educador utilizará perguntas para realizar uma reflexão sobre a experiência. "Para que serve o mapa?" "Quando saímos da escola, até onde nos dirigimos?" "Quantas quadras tivemos que caminhar?" "Encontramos símbolos que marcamos no mapa?" "Se tivéssemos	A experiência de aprendizagem é desafiante para os alunos? Por quê? O mapa utilizado foi compreensível para as crianças? O tempo utilizado para a experiência foi suficiente? Que mudanças seriam necessárias a respeito? **Para saber mais...** Desde os tempos mais remotos, os homens desenhavam

158

pensam que essa é sua escola?" "Como sabem disso?" "O que há ao lado da escola?" "E do outro lado?" "O que fica mais perto da escola?" "A banca de jornais ou a quitanda?" "Onde acreditam que há uma esquina?" Depois disso, o educador os convidará para percorrer o bairro, escolhendo um lugar que eles gostariam de visitar. Se não for possível organizar um passeio pelo bairro, pode-se realizar esta experiência orientada reconhecendo e criando trajetórias para percorrer o pátio e as diferentes partes da escola. As trajetórias devem ser curtas e com elementos que permitam às crianças identificar os lugares conhecidos por elas.

Recursos pedagógicos

Um mapa desenhado de um tamanho suficiente para que todos os alunos possam vê-lo; lápis de cor; quadro branco ou quadro de giz. Mapa do bairro onde se encontra a escola e o lugar que visitarão. Indicar ruas (nomes e numeração das casas, praça, que lhes permitam fazer um trajeto).

conveniente percorrer este caminho. O educador entra em consenso com o grupo sobre a trajetória mais apropriada para chegar ao lugar. Ele apoiará os alunos fazendo perguntas, por exemplo: "Por que acreditam que esse caminho é melhor?" "É mais rápido ir por lá ou por aqui, isto é, o caminho mais curto é por lá ou por aqui?" "Como sabem disso?" "Está perto ou longe da nossa sala?" "O que há à esquerda do lugar que vocês escolheram?" Cada aluno registrará a trajetória que escolheu no grupo em seu próprio mapa, copiando-a. Uma vez que estejam organizados, podem percorrer o bairro. Todos os alunos terão o mapa com a localização e direção (fichas: direita, esquerda) para chegar ao lugar e o revisarem algumas vezes enquanto vão fazendo o trajeto e chegando aos lugares traçados no mapa.

que ir à praia, quiosque, parque etc.. que trajeto teríamos que fazer? Por que teríamos que fazê-lo?" Para finalizar, o educador mostrará a diferença entre um mapa comum e um mapa desenhado pelos alunos.

Trabalhando com a família

Comentar com a família o que seus filhos estão realizando e conhecendo, mencionando porque é importante que eles aprendam noções espaciais. Sugerir que façam o trajeto da escola, e, ao percorrer o bairro junto com seus filhos, falar sobre onde se localizam diferentes endereços de seu interesse, dizendo sua posição. Por exemplo: O armazém de Dona Júlia fica na esquina. Ao lado está a padaria. "O que há em frente à padaria?"

o lugar onde viviam para não se perderem. Encontravam representações de casa, povoados, rios, lagos, montanhas, mares, cascas de árvores, peles de animais, metal etc. Se usarmos os mapas para localizar um lugar num território extenso numa região do país, por exemplo, podemos localizar a cidade de Nova Friburgo na Região Serrana no Estado do Rio de Janeiro, Brasil. Se precisarmos localizar uma escola, casas, num determinado bairro, usamos um mapa. Neste representamos os lugares e os objetos com linhas simples, pode-se reconhecer detalhes como o traçado de ruas, a localização do parque, estrada, trem etc.

Nome das experiências de aprendizagem: Descubramos como são os insetos.

Âmbitos de experiência para a aprendizagem: Relação com o meio natural e cultural.

Núcleo de aprendizagem: Seres vivos e seu entorno.

Eixo de aprendizagem: Descobrimento do mundo natural.

Aprendizagem esperada: Reconhecer, através da observação, características básicas de pessoas, animais, plantas e algumas mudanças que ocorrem no processo de crescimento.

Aprendizagem esperada específica: Reconhecer características de alguns insetos.

Aprendizagem esperada I: Reconhecer características, necessidades básicas e ciclos vitais simples de pessoas, animais e plantas que são significativas.

Início	Desenvolvimento	Encerramento	Avaliação
Antes da realização desta experiência, o educador convidará os alunos para observar diferentes insetos no seu entorno no final de semana. Ele solicitará às crianças que realizem um registro (desenho) do que for observado, escolhendo o inseto que mais lhe chamou atenção para guardá-lo num frasco plástico transparente, com aberturas para que possa respirar. O educador dirá aos alunos que conversem com outras pessoas sobre este inseto e suas características. Uma vez na escola, o educador solicitará que algumas	O educador convidará os alunos para trabalharem em grupo de quatro e distribuirá lupas para cada um. Pedirá que deixem o frasco com o inseto que trouxeram no centro da mesa para que seja observado pelos seus colegas. O educador poderá orientar a observação nos grupos através de perguntas, tais como: "Os insetos são todos iguais? Que diferenças ou semelhanças vocês encontraram? O que acham que eles comem? Por quê? Eles voam ou andam? Por que acham isso? Que características acreditam que lhes permitirá transferir-se desta forma?" O educador irá registrando os comentários e uma vez que a maioria dos alunos tenha participado "lerão" todas as características	Posteriormente, os alunos devolverão os insetos à liberdade no pátio da escola ou onde as crianças os encontraram no final de semana. Depois, conversarão entre elas: "O que aprendemos sobre os insetos? Quais são as características dos insetos? Como descobrimos isso?" O educador convidará os alunos para confeccionarem um inseto diferente, utilizando materiais recicláveis e em desuso, tais como: massa, palitos, pedras, folhas, coisas do	• Foi realizado incentivo suficiente para que as famílias recolhessem e enviassem os insetos? • As explicações e repostas dadas foram claras e precisas? • Os materiais foram suficientes? **Para saber mais...** As pessoas que se dedicam a estudar os insetos se chamam entomólogos.

160

das crianças mostrem o inseto que trouxeram no frasco e o desenho deste, conversando sobre o que foi observado. Algumas perguntas possíveis de formular aos alunos: "Que inseto você encontrou?" Por que o escolheu? Que características ele tem? O que chamou a sua atenção nele?" O educador complementará as informações que os alunos deram apoiando-se em textos que se refiram ao tema, de maneira que conduzam, entre todos, algumas características comuns dos insetos e pode escrevê-los no quadro branco ou quadro de giz.

Recursos pedagógicos
Frascos plásticos transparentes com um pouco de terra e a tampa perfurada para guardar um inseto. Lupas para todos os alunos. Mesas e material descartável: palitos, pedras e folhas, coisas do gênero, tampinhas de refrigerante, entre outras. Sugere-se fazer o registro da experiência com uma máquina fotográfica digital. Pode-se complementar a experiência assistindo um vídeo ou DVD sobre o tema. Por exemplo: *Querida, escolhi as crianças*

observadas e comentadas. O educador complementará e corrigirá a informação quando for necessário.

gênero, tampinhas de refrigerante, garrafa pet pequena, entre outros. Para finalizar, o educador convidará as crianças para dramatizarem o inseto, criado por elas, através de um breve "diálogo entre os insetos". Os alunos poderão ser maquilados e vestir-se como insetos, utilizando as fantasias do Cantinho de Dramatização ou solicitando aos pais que enviem as fantasias previamente para serem utilizadas pelas crianças.

Trabalho com a família
O educador poderá sugerir que as crianças assistam o filme *Bichos em família*. Os pais e/ou demais familiares poderão conversar com os filhos sobre os insetos que aparecem no filme e podem fazer perguntas como: "Que características têm as formigas? Como elas se comportam para conseguir sua comida?"

Nome das experiências de aprendizagem: Experimentos com um limão.

Âmbitos de experiência para a aprendizagem: Relação com o meio natural e cultural.

Núcleo de aprendizagem: Seres vivos e seu entorno.

Eixo de aprendizagem: Descobrimento do mundo natural.

Aprendizagem esperada: Manifestar interesse para realizar experiências de indagação e buscar explicações diante do observado.

Aprendizagem esperada I: Manifestar curiosidade por conhecer a si mesmo e ao entorno.

Início	Desenvolvimento	Encerramento	Avaliação
O educador contará para os alunos uma história de um cientista que realizava experimentos, apoiado por um texto ou conto. Depois os convidará para "brincar de ser cientista" e realizar um experimento, comentando que "estes profissionais são muito bons observadores, fazem-se muitas perguntas a respeito dos experimentos e registram o que observam para logo tirarem conclusões a respeito". Na continuação, o educador explicará apoiado por lâminas alusivas e sequenciadas em "passos" que o experimento consiste em colocar um limão maduro partido num recipiente limpo e vazio, agregando	O educador solicitará aos alunos que se organizem em grupos, depois lhes perguntará: "O que vocês acreditam que aconteceu com o limão? Por quê? O que você acha que acontecerá com um limão deixado num lugar escuro tantos dias? Em que vocês acham que influirá a água agregada ao limão? Vocês acreditam que aconteceria o mesmo se a água não fosse colocada?" Todas as contribuições dos alunos serão registradas no quadro branco ou de giz, colocando-se o nome do aluno que a fez. É importante orientar os alunos para que suas respostas não correspondam à adivinhação e sim que tenham relação com o experimento que está sendo realizado. A experiência continuará de forma diária, observando e registrando o que acontece com o limão, uma vez por dia (os alunos	Os alunos deverão sentar-se na rodinha. O educador solicitará que falem sobre o experimento, apoiando-se nos registros de desenho realizados por eles e também nos registros fotográficos realizados pelo educador Ele perguntará: "O que foi que mais gostaram no experimento? Vocês gostariam de fazer outros experimentos? O que aprenderam com este experimento? Por que o limão ficou desta cor e com este cheiro? O que acontece com um limão que se coloca no escuro e que está	• As folhas de papel pardo ou AP24 facilitaram o registro? Por quê? • As perguntas formuladas propiciaram a participação por parte dos alunos? Seria necessário formular perguntas de outro tipo? • A experiência de aprendizagem favoreceu a observação, participação, reflexão dos alunos? Como?

162

umas gotas de água, cobrindo o recipiente com plástico ou alumínio e guardando-o por uns quatro dias num lugar escuro. A ideia é ir observando o que vai acontecendo com o limão.

Recursos pedagógicos

Por subgrupo, ½ limão muito maduro, envolto em plástico ou papel alumínio, um recipiente limpo e vazio, uma lupa para cada aluno. Máquina fotográfica digital para fazer registros gráficos (optativo). Formato de registro para os quatro dias consistente numa folha de papel pardo ou AP24 dividida em dois (para realizar dois registros em uma única folha), ou poderão ser registrados no quadro branco ou quadro de giz; espaço para anotar a data da observação e o nome do aluno que a fez e um espaço para desenhar o que foi observado.

registrarão através de desenhos e o educador através de fotografias). Para isso, num período fixo do dia, o educador solicitará a um aluno que descreva para os colegas a observação do dia e mostrará o desenho que fez em forma de registro como evidência disso. Durante esses momentos de diálogo pode-se formular perguntas como: "Que mudanças se observam? Que cheiro tem? Ele tem o mesmo tamanho? O que vocês acham que veremos na próxima observação do experimento? Por quê?" Sugere-se colocar ao lado do experimento a outra metade do limão maduro para que as crianças observem se há diferenças entre eles. Após quatro dias e uma vez que os alunos tenham formulado suas hipóteses sobre o que está acontecendo com o limão, o educador os convidará para conversar sobre as mudanças que eles têm observado no limão durante os quatro dias. O educador explicará que o que está cobrindo o limão é um mofo (fungo) suave (falar que não o toquem nem respirem, pois podem ser alérgicos) o qual se desenvolve em alimentos guardados por um tempo, tem um cheiro forte e faz mal, por isso não se pode comer ou utilizar para cozinhar.

úmido? Como descobrimos o que estava acontecendo com o limão? Por que acham que é importante registrar as mudanças do limão?" Para finalizar, o educador convidará os alunos para preparar e depois comer uma bonita salada temperada com limões.

Trabalho com a Família

O educador solicitará às famílias que busquem em algum texto, revista, internet ou jornal, notícias ou histórias sobre cientistas e quais têm sido suas descobertas. Ele pedirá que anotem as ideias importantes e conversem com os filhos para que estes compartilhem com os colegas no dia seguinte na escola.

Para saber mais...

A diferença entre as plantas verdes e fungos é que este último não pode elaborar seu próprio alimento por meio da fotossíntese. Por isso, os fungos crescem nos alimentos e em outras matérias orgânicas, utilizando-as para alimentar-se e manterem-se vivos. Os fatores que facilitam o crescimento do mofo são a umidade, o escuro e o calor. O mofo que cresce nos alimentos é o mesmo a partir do qual Alexander Fleming descobriu a penicilina num de seus experimentos. Na atualidade, é um dos insumos que se utiliza para elaborar os medicamentos.

III

O período de adaptação
do aluno à escola

Os pequeninos que estão ingressando na escola precisam se adaptar ao novo ambiente e às pessoas que nele atuam. A presença dos pais na escola durante a primeira semana de adaptação pode trazer segurança para a criança e ajudar os professores a compreenderem melhor o aluno. Os professores devem conversar com os pais para colherem informações relevantes e saberem como lidar com cada aluno. A escola deve combinar com os pais para que fiquem por perto, mas não "colados" no filho durante todo o tempo, pois se eles estiverem ao lado da criança sempre não há como conquistar sua confiança. Toda escola possui regras que deverão ser obedecidas pelos pais em benefício do filho.

Na primeira semana de aula, o horário do aluno deve ser flexível. A escola deverá organizar um horário especial para os alunos em adaptação. Este horário deverá iniciar com uma hora de permanência do aluno na escola e ir aumentando gradativamente, dia a dia, de acordo com o modo como o aluno estiver se adaptando. Por exemplo:

No segundo dia de aula, o aluno poderá permanecer por uma hora e meia, no terceiro dia, por duas horas, no quarto dia, por duas horas e meia, no quinto dia, por três horas. Na segunda semana de aula, tudo correndo da melhor maneira, no primeiro dia, segunda-feira, o aluno poderá permanecer por três horas e meia. No segundo dia, terça-feira, por quatro horas. No terceiro dia, por quatro horas e meia e se tudo estiver bem a partir do quarto dia da segunda semana, o aluno poderá permanecer na escola durante o horário integral. Mas este horário deverá ser montado de acordo com cada aluno, visando suas necessidades pessoais. Só poderá ser ampliado ou reduzido obedecendo tais necessidades.

Depois das primeiras semanas, se o pai ou a mãe entrar na escola para ver o filho porque está com saudade, quando ele for embora, a criança pode ficar chorando. Assim, é importante que os pais entreguem o aluno no portão da escola, a fim de evitar que isto ocorra.

IV

A organização do currículo e a formação para um mundo globalizado e plural

Hoje o currículo deve se voltar para a formação de cidadãos críticos, comprometidos com a valorização da diversidade cultural, da cidadania e aptos a se inserirem num mundo global e plural.

A partir do século XX, o currículo passou a ser visto como uma construção, uma seleção da cultura que deve estar comprometida com a emancipação das classes oprimidas, com a ligação de conteúdos a experiências vividas por essas classes, de maneira a provocar uma conscientização de suas condições de vida e uma perspectiva de mudança destas.

O caráter excludente de algumas escolas e dos currículos tradicionais que reproduzem as desigualdades sociais – ao trabalhar com padrões culturais distantes das realidades dos alunos – deve ser abolido, pois alimenta a "expulsar", via evasão, os alunos que mais necessitam da escola e não fazem das propostas da educação realidade atuais.

Segundo Canen (2000, 2001, 2002, 2003), Assis e Canen (2004), Canen e Moreira (2001), o currículo, na visão multicultural, deve trabalhar em prol da formação das identidades abertas à pluralidade cultural, desafiadoras de preconceitos em uma perspectiva de educação para a cidadania, para a paz, para a ética nas relações interpessoais, para a crítica às desigualdades sociais e culturais.

Um currículo multicultural pode trabalhar em todas as perspectivas. Pode apresentar fases folclóricas, em que mostre a influência de diferentes povos na formação da cultura (como, por exemplo, a influência dos árabes nas ciências, na matemática; a influência dos africanos na cultura brasileira e de outros povos), como também pode, em outros momentos, trabalhar com a perspectiva multicultural crítica de desafio a preconceitos, formação da cidadania e questionamentos acerca da desigualdade que atinge determinados grupos (por exemplo, pode-se utilizar histórias em que apareçam traços preconceituosos contra negros, mulheres, idosos, e assim por diante, contextualizando essas ideias, mostrando suas raízes históricas e revelando modos de vê-los e enfrentá-los atualmente). No entanto, pode ainda em momentos diferentes apresentar a diversidade dentro da diversidade. Nesse caso, por exemplo, pode questionar conceitos estereotipados em notícias de jornal que fazem referência a povos e grupos de maneira homogeneizadora.

Dessa forma, as demandas por um currículo multicultural, na época contemporânea de pluralidade cultural, de conflitos, de ataques terroristas, de exasperação dos preconceitos e das diferenças, de desafios éticos na formação da juventude, têm sido enfatizadas na literatura acerca do currículo, nacional e internacional.

De acordo com Ostetto (2000: 175-200), os modelos mais comuns de planejamento adotados nas instituições de Educação Infantil brasileiras são:

1) **Listagem de atividades:** consiste em listar as atividades a serem cumpridas durante os vários momentos da rotina, o que geralmente proporciona longos momentos de espera, pela criança, entre uma atividade e outra, sendo que estas são planejadas pelo adulto que a atende sem que exista muita expectativa deste em atender às necessidades da criança. Por isso a concepção de avaliação restringe-se às expectativas do adulto referentes ao bom comportamento das crianças. Afinal, este não espera que as atividades oferecidas proporcionem algum tipo de desenvolvimento às crianças, mas apenas que o infante cumpra as tarefas propostas preenchendo o tempo durante o qual permanece na instituição sem causar brigas, bagunça, sujeira, barulho etc.

2) **Datas comemorativas:** geralmente composto por festejos dedicados a marcar as várias datas do calendá-

rio comemorativo (Carnaval, Páscoa, Dia das Mães etc.). Pode muitas vezes reforçar preconceitos e estereótipos, pois se baseia na concepção de história sob a ótica do vencedor. (Ninguém "comemora" os derrotados.) Também contribui para a estereotipia o fato de que as datas praticamente se atropelam, restando pouco tempo para que sua origem seja realmente aprofundada e compreendida. Tomemos como exemplo o mês de abril: Páscoa, Tiradentes, Descobrimento, aniversário de Brasília... Será possível realmente compreender o significado de cada uma delas? O conhecimento torna-se, muitas vezes, fragmentado e repetitivo (afinal, todos os anos são "comemoradas" as mesmas datas). O objetivo das comemorações seria fornecer informações às crianças. Por exemplo, em relação ao "Dia do Índio": espera-se que a criança compreenda que eles foram os primeiros habitantes do Brasil, que vivem em aldeias, que moram em ocas etc. Como as crianças são ainda pequenas, as "informações são simplificadas" para que elas possam memorizá-las no curto espaço de tempo destinado a cada comemoração. Assim, acabam transmitindo concepções, muitas vezes equivocadas. Voltando ao exemplo do "Dia do Índio": não se informa às crianças que existem várias aldeias indígenas no Brasil, que cada uma tem costumes e culturas muito ricos e diversos, nem sobre o massacre a que os colonizadores portugueses submeteram esta população. Quanto à avaliação, vemos uma maior preocupação com a verificação da transmissão de conteúdos, que devem ser reproduzidos pelas crianças nas mais diversas atividades (construir com sucata a oca do índio, de acordo com o modelo trazido pela professora; desenhar o índio com tanga, cocar e segurando arco e flecha, copiar a palavra índio, dentre outras).

3) **Planejamento baseado em aspectos do desenvolvimento:** influenciado pela Psicologia do Desenvolvimento, este tipo de planejamento procura contemplar todas as áreas do desenvolvimento infantil (psicomotor, afetivo, cognitivo, social etc.). As atividades são selecionadas de acordo com o valor que possam ter para o desenvolvimento da criança. Se, por um lado, procura observar a criança como um todo, por outro, peca por vê-la como um ser ideal, situado numa faixa de presumível "normalidade", e não considera o contexto sócio-histórico onde ela se encontra inserida. Assim sendo, pode haver conflitos nos critérios de avaliação: a criança será avaliada de acordo com as expectativas ideais, descritas nos compêndios de Psicologia, ou será avaliada levando-se em conta também os aspectos sócio-históricos

que marcam sua vida? Não negamos as contribuições da Psicologia à Educação Infantil. É essencial que o profissional de Educação Infantil compreenda o desenvolvimento social, afetivo, psicomotor e cognitivo da criança. Entretanto, ele deve considerar que este desenvolvimento dá-se em ritmos diversos, de acordo com a história de vida da criança, e com as possibilidades oferecidas pelo seu meio ambiente, sem que variações nesse ritmo sejam vistas como "atrasos" ou "deficiências". A avaliação não deve apenas identificar tais problemas, mas apontar soluções, caminhos e possibilidades de atuação pedagógica para que a criança possa vir a superá-los com o auxílio dos educadores.

4) **Temas geradores / centros de interesse:** são elencados temas semanais, supostamente interligados um ao outro, para serem trabalhados em todas as turmas de uma instituição. Partem do pressuposto de que os "temas" despertariam os interesses de todas as turmas envolvidas, do "maternal" ao "pré". O objetivo deste modelo pedagógico seria ampliar os conhecimentos das crianças, alargando seu universo cultural. Entretanto, o profissional da Educação Infantil pode encarar o trabalho com temas de diversas maneiras: num modelo tradicional, o adulto/professor escolhe o tema a ser trabalhado pela classe, e espera que, nas

avaliações (realizadas pela observação em todas as atividades desenvolvidas), a criança reproduza aquilo que aprendeu. Por exemplo, se o tema gerador foi "Animais", é esperado que a criança saiba dar informações sobre os hábitos de diversos animais, classificando-os de acordo com os critérios repassados pelo adulto, tais como: "animais que vivem na terra", "animais que vivem na água", animais que voam", e assim por diante, sem levar em conta que as crianças podem vir a criar critérios muito diferentes para classificá-los. Já numa visão identificada com a pedagogia escolanovista, as crianças têm um papel mais ativo e maior possibilidade de expor suas próprias ideias. Os temas nem sempre são impostos ao grupo de crianças pelo professor, ou pela coordenação pedagógica, mas partem da sua curiosidade natural, observada pelo educador. Entretanto, por ater-se apenas aos "interesses" dos alunos, neste caso o educador pode pouco contribuir para que as crianças ampliem seu mundo e seus conhecimentos.

5) **Conteúdos / áreas de conhecimentos:** podemos citar como exemplo deste tipo de planejamento o "Referencial Curricular Nacional para a Educação Infantil" (RCNEI) e o "Currículo para a Educação Básica no DF – Educação Infantil / quatro a seis anos", pois ambos dividem as atividades a serem desenvolvidas:

"Formação Pessoal e Social", "Conhecimento de Mundo", "Linguagem Oral e Escrita", "Conhecimento Lógico-Matemático" e "Natureza e Sociedade".

Destacamos que este tipo de trabalho surgiu como uma oposição à pré-escola assistencialista baseada na concepção de educação compensatória (KRAMER, 1995). Vale ainda registrar que, na exacerbação deste modelo de planejamento, a Educação Infantil pode vir a copiar a divisão por disciplinas do Ensino Fundamental, tornando-se uma espécie de "cursinho preparatório" para o ingresso no 1º ano, copiando, também, o modelo de avaliação do Ensino Fundamental: avaliação por disciplinas, a qual, ainda que seja realizada durante o processo – observando o desenvolvimento da criança nas diversas atividades, propostas pela rotina da instituição educativa –, não considera a inter-relação que existe entre os diversos eixos do conhecimento e do desenvolvimento infantil.

6) **Projetos de trabalho:** o projeto de trabalho parte dos interesses e necessidades apresentado pelos próprios alunos, por isso, nem sempre todas as turmas de uma escola desenvolverão o mesmo projeto. Desse modo, respeitam-se as características de cada grupo, bem como as particularidades de cada indivíduo, levando-se em conta o contexto sócio-histórico onde estes estão inseridos. Quando é adotado o planejamento a partir de projetos,

a avaliação apresenta-se mais integrada ao planejamento. Isto porque os temas, datas etc., não são elencados previamente pelo adulto, seja ele o professor ou o coordenador pedagógico, sem que eles conheçam a realidade concreta das crianças. Nem atendem apenas aos interesses naturais que os adultos constatam pela observação e reavaliação constantes do trabalho pedagógico, feitas pelo educador. As crianças têm oportunidade de sugerirem rumos diferentes para seu planejamento nas "rodas de conversa", em que o educador e seus colegas de sala escutam seus relatos e ideias. O educador conduz o processo pedagógico, mas sempre avaliando, ouvindo e observando as crianças junto às quais atua, visando o desenvolvimento integral.

A seguir apresentamos uma sugestão de currículo. Âmbitos de Aprendizagem que se encontram divididos em oito núcleos de aprendizagem: Autonomia, Identidade, Convivência, Linguagem Verbal, Linguagens Artísticas, Seres Vivos e seu Entorno, Grupos Humanos: suas formas de vida e acontecimentos relevantes e Relações Lógico-matemáticas e Quantificação.

Para dar mais distinções curriculares a cada núcleo de aprendizagem, estes se encontram subdivididos em dezesseis eixos de aprendizagem propostos pelos mapas de progresso do nível.

No âmbito de formação pessoal e social	
Núcleo Autonomia:	Eixo: Motricidade Eixo: Cuidado de si mesmo Eixo: Independência
Núcleo Identidade:	Eixo: Reconhecimento e apreço por si mesmo Eixo: Reconhecimento e expressão de sentimentos
Núcleo Convivência:	Eixo: Interação social Eixo: Formação de valores
No âmbito da comunicação	
Núcleo Linguagem Verbal:	Eixo: Comunicação oral Eixo: Preparação para a leitura Eixo: Preparação para a escrita
Núcleo Linguagens Artísticas:	Eixo: Expressão criativa Eixo: Apreciação estética
No âmbito da relação com o meio natural e cultural	
Núcleo Seres Vivos e seu Entorno:	Eixo: Descobrimento do mundo natural
Núcleo Grupos Humanos: suas formas de vida e acontecimentos relevantes:	Eixo: Conhecimento do entorno social
Núcleo Relações Lógico-matemáticas e Quantificação:	Eixo: Raciocínio lógico-matemático Eixo: Quantificação
Âmbito: Formação pessoal e social	
Núcleo: Autonomia	Eixo de aprendizagem: Motricidade (e vida saudável)

Objetivo:
· Adquirir um maior domínio de suas capacidades corporais desenvolvendo as habilidades motoras grandes (grandes movimentos) e o controle dinâmico nos movimentos e deslocamentos, alternando diferentes velocidades, direções, posições e ações.

Exemplos de desempenho
Nível 1: Crianças de três anos
· Acelera, gira e para praticar alguns jogos;
· Caminha sobre uma linha, mantendo o equilíbrio;
· Para e dá vários pulos num pé só.

Níveis 2 e 3: Crianças de quatro e cinco anos
- Deslocam-se combinando posturas tais como: caminhar, correr, trepar, saltar, rodar, agachar-se, dar meia-volta, esticar-se, saltar num pé só;
- Saltar uma distância, tomando impulso.

Exemplos de experiências de aprendizagem:
Nível 1: Crianças de três anos
- Imitar o movimento e deslocamento de diferentes animais, elementos da natureza, ações de pessoas, objetos e outros.

Níveis 2 e 3: Crianças de quatro e cinco anos
- Imitar os deslocamentos e posturas de um equilibrista sobre uma corda, variando a direção para frente e para trás, utilizando bastões.

V

A utilização da informática na Educação Infantil

Segundo alguns estudiosos, a informática, isto é, o trabalho com o computador, deve ser introduzido a partir dos cinco anos. Já segundo outros, deve ser inserido antes, a partir dos três anos de idade, na vida escolar da criança. De acordo com Machado (2008), "imagine a cena: Uma criança de quatro anos entra num cômodo qualquer; nesse espaço ela encontra alguns brinquedos (como quebra-cabeças, jogos variados e multicoloridos, bonecas, bolas, carrinhos...), revistas em quadrinhos e livros infantis, todos amontoados no lado esquerdo dessa sala. À direita, sozinho, numa mesa, repousa um computador com impressora conectado à internet. Para qual lado essa criança irá pender, para os brinquedos ou para o computador?"

Ficou em dúvida? Não sabe se para a criança os brinquedos serão mais atraentes que o computador? Já vivenciou uma situação como essa? O que aconteceu, afinal?

Por experiência própria, como pai, professor, pesquisador, articulista e editor de um portal de educação na Internet (Planeta Educação), não teria dúvidas em assinalar a preferência da criança pelo computador.

Os brinquedos e jogos, inanimados podem até atrair a curiosidade da criança em questão, caso ela tenha sido estimulada pela família a utilizar e se divertir com tais recursos em sua experiência de vida anterior. Mas invariavelmente os jogos, cores, sons, recursos, multimídia, o teclado, o mouse, a possibilidade de apertar botões e acionar programas, abrir janelas, faz com que o computador ganhe a disputa.

Isto me motiva – sempre que estou em contato com os pais, professores e comunidade em geral, em palestras e oficinas – a orientá-los (ou aconselhá-los) a não inserir o computador na vida de nossas crianças antes dos cinco anos de idade. Foi inclusive o que eu e minha esposa fizemos com nossos filhos, somente permitindo que eles tivessem acesso a videogames ou computadores depois que tivessem brincado em tanques de areia, jogado bola, se divertido com jogos próprios para suas faixas etárias, desenhado e colorido muitas folhas de caderno, escutado canções e dançado ao som delas, imaginando outros mundos ao manejar carrinhos e bonecas... Tenham certeza, os computadores farão parte da vida de nossos filhos num futuro muito próximo.

A informática deve ser trabalhada na Educação Infantil de maneira lúdica e sempre associada aos conteúdos, habilidades e competências que estiverem sendo aprendidos pela criança naquele momento.

Este trabalho deverá ser realizado com a utilização de programas e jogos educativos, de acordo com a faixa etária das crianças. Apresentamos a seguir alguns programas, retirados do site: www.sitededicas.uol.com.br. Os programas aqui apresentados e comentados são *sharewares ou freewares*; todos têm propriedades educativas e podem estar em inglês, português e espanhol.

Apenas programas nos quais o idioma não interfira em seu uso – caso não seja em português – serão aqui comentados e divulgados.

(835 Kb) – Shareware

O *Hypervisual* é um programa para quem gosta de brinquedos de montar, como o popular Lego. Centenas de peças cuidadosamente elaboradas permitir ao jogador construir infinitos objetos. Muitos modelos pré-construídos estão disponíveis e podem ser modificados à vontade. Os modelos vão de pequenos caminhões adequados às crianças pequenas a complexas máquinas altamente detalhadas. A interface do programa é simples e intuitiva, sendo de fácil assimilação. Pode-se ainda imprimir ou transformar em figuras para papel de parede qualquer coisa que for construída. O software está em inglês, mas mesmo quem não domina a língua não terá dificuldade alguma para usá-lo. No mesmo endereço pode-se encontrar uma versão mais simples, que é freeware. Excelente shareware. Para Windows 95/98/ME

(674 Kb) – Freeware

Socoban é um formidável jogo de raciocínio lógico que agrada crianças e adultos. O objetivo do jogo é agrupar um grupo de caixas em apenas uma. Como os movimentos do jogador são limitados, será preciso muito atenção e criatividade para superar os obstáculos e não ficar sem saída. Esta versão é freeware e possui 60 níveis muito bem elaborados, e um editor de níveis extras, onde o jogador pode criar seus próprios níveis. O jogo está em inglês, mas não atrapalha em nada seu uso, que é muito simples. Este software pode ser uma excelente ferramenta para desenvolver a capacidade de resolver problemas tanto de crianças como de adultos. Vale a pena jogá-lo. Para Windows 95/98/ME.

(146Kb) – Freeware

Jogo de labirinto: formidável passatempo para crianças entre dois e dez anos. O objetivo do jogo é achar o caminho de saída do labirinto, cujos níveis de dificuldades são muitos e crescentes. Para desenvolver a percepção visual e coordenação motora da criança é excelente. Vale a pena jogá-lo. Para Windows 95/98/ME/NT/2000.

(342 Kb) – Freeware

Sensacional: programa infantil cujo objetivo é dar aos diversos personagens traços fisionômicos. Os personagens apresentados são frutas. A ideia é que a criança dê vida ao personagem dando-lhe um rosto com olhos, boca, orelhas, cabelos, corpo com braços, mãos etc. É muito divertido e ajuda as crianças, mesmo as pequenas, a compreenderem melhor os diversos aspectos fisionômicos que uma pessoa pode assumir. Vale a pena jogá-lo. Para Windows 95/98/ ME/NT/2000.

Além dos programas, há também os sites com atividades e jogos educativos e os CDs como a Coleção O Coelho Sabido, Turma da Mônica, Ursinho Puff, Airton Senna, entre muitos outros.

VI

Como trabalhar os sentidos

Nesta fase, é fundamental que o educador trabalhe os sentidos da criança, isto é, as percepções e memórias: *visual, auditiva, olfativa, tátil* e *gustativa*. Para trabalhar as percepções, ele poderá utilizar atividades xerocopiadas ou mimeografadas e materiais concretos. Para trabalhar a *percepção visual*, poderá apresentar figuras e objetos iguais e um diferente e pedir que os alunos pintem o objeto diferente. Outra atividade que poderá ser utilizada para crianças mais velhas é o *Jogo dos Erros*. Apresentar a mesma cena duas vezes, sendo que numa delas há alguns erros, isto é, diferenças. Como, por exemplo, na primeira está um menino com chapéu, na segunda ele está sem chapéu. Na primeira há um espelho no quarto, na segunda, não há espelho. Na primeira há uma menina com cabelos compridos, na segunda o cabelo dela está curto. Pedir aos alunos que façam um X nas diferenças.

Para trabalhar a *percepção auditiva*, o professor pode apresentar vários instrumentos musicais como, por exemplo, bombo ou girico, ou tambor para trabalhar som forte; flauta, chocalho e outros instrumentos. Pedir que observem o som de cada instrumento. Depois, distribuir os instrumentos pelas crianças para que toquem, formando uma "bandinha".

Outra atividade que poderá ser utilizada é solicitar que os alunos deitem no chão ou fiquem sentados na rodinha, fechem os olhos e digam quais os sons que estão ouvindo (sons internos, isto é, dentro da escola, ou externos, barulho de carros etc.).

O professor poderá também pedir que os alunos sentem-se na rodinha, fechem os olhos e prestem atenção em todos os sons que ouvirem. Numa sala ou outro ambiente próximo, o professor produzirá sons diversos como o toque de um sino, uma cadeira sendo arrastada, uma buzina tocando, a batida de um tambor, o barulho de passos, de alguém tossindo, espirrando, batendo palmas, conversando com outra pessoa, e outros. A cada som produzido, o professor pedirá ao grupo de alunos ou a cada aluno, individualmente, que identifique o som.

Para trabalhar a *percepção olfativa*, pedir para assentar-se na rodinha, ou apresentar individualmente, para os alunos, os odores: álcool, café, perfume, chocolate, limão e outros.

A *percepção tátil* poderá ser trabalhada por meio de atividades como, por exemplo, a apresentação de vários objetos como bola, lápis, tesoura, borracha, entre outros; depois disso, o professor pedirá que os alunos apalpem estes objetos para perceberem como são suas formas, espessuras.

O professor pode também apresentar placas lisas e ásperas, isto é, placas de madeira com lixa fina ou grossa colada e pedir que os alunos percebam, através do tato, a placa que é lisa e a que é áspera.

Outra maneira de o professor trabalhar a memória tátil é utilizar o jogo *Brincando com o tato*, da Toyster, que poderá ser adquirido em papelarias. Este é formado por quarenta figuras diferentes entre si, porém seus tamanhos e contornos são muito parecidos. O jogador, com os olhos vendados por uma máscara, terá de descobrir cada uma das figuras usando apenas o tato.

Para trabalhar a *percepção gustativa*, o professor pode pedir aos alunos para se sentarem na rodinha e oferecer-lhes alimentos como: chocolate (doce), biscoito (salgado), limão (azedo), café sem açúcar (amargo) para que provem. Depois, conversar com a turma sobre os sabores doce, salgado, azedo e amargo. Esta atividade poderá também ser realizada com os alunos individualmente.

A *memória visual* poderá ser trabalhada individualmente, vendando os olhos do aluno e solicitando que este apanhe um dos objetos que se encontram dentro de um saquinho de tecido ou TNT para descobrir, através do tato, qual é o objeto que está segurando. (Por exemplo: bola, lápis, tesoura, borracha e outros.) O professor poderá também, ao invés de colocar os objetos dentro de um saquinho de tecido, colocá-los em cima de um tapete, pedir que os alunos observem todos os objetos. Depois cobrir com um tecido, retirar um dos objetos e perguntar qual o objeto que sumiu.

Outra atividade poderá ser um jogo com as crianças sentadas na rodinha. O professor pede que uma criança fique fora da sala e retira uma das crianças sentadas. A criança que saiu retorna e deverá dizer qual a criança que está faltando. Este mesmo jogo poderá ser realizado também acrescentando um acessório a ser utilizado por uma das crianças, como, por exemplo, um chapéu, uma cartola, um óculos, um sapato alto e outros. Uma das crianças sairá da sala e, depois de retornar, deverá dizer qual a criança que está usando um acessório que não estava usando antes e que acessório é este.

Outro jogo que poderá ser utilizado será o professor pedir que os alunos façam uma roda e observem quem está à sua direita e à sua esquerda; depois, pedir que caminhem ao som de uma música até chegarem perto dos dois colegas que estavam ao seu lado no início da brincadeira.

Para trabalhar a *memória auditiva*, o professor poderá realizar a atividade mencionada, referente à percepção auditiva, sendo que, ao invés dos alunos, ou cada aluno, individualmente, identificar cada som produzido, eles deverão identificar a sequência de sons emitida pelo professor, como, por exemplo, o toque de um sino, uma cadeira sendo arrastada e o barulho de uma buzina. Na medida em que os alunos forem identificando a sequência de sons, o professor poderá ir acrescentando mais sons a esta sequência.

Outra sugestão de atividade que poderá será utilizada é o jogo *Telefone sem fio*. O educador solicitará que as crianças sentem na rodinha. Ele falará uma, duas, três palavras ou uma frase. Para as crianças menores, falará apenas uma palavra, no início, e depois duas, ao final.

Para as maiores, poderá dizer duas ou três palavras e depois uma frase, no ouvido de uma criança; esta deverá repetir a palavra que ouviu bem baixinho (no ouvido) para o colega ao seu lado, e assim por diante, até chegar ao último aluno; o qual deverá dizer a palavra ou frase em voz alta para que todos ouçam e o professor observe se está "correto", isto é, se a palavra que o último aluno disse é a mesma que ele disse no ouvido do primeiro aluno.

VII

A língua escrita na Educação Infantil

Tradicionalmente, a maioria dos trabalhos desenvolvidos na Educação Infantil no que diz respeito à alfabetização era pautada na ideia de prontidão. Esta se mostrou ineficaz a partir de estudos e pesquisas realizados por especialistas, pois ao submeter às crianças a esta metodologia, o educador aplicava atividades repetitivas, descontextualizadas, mecânicas e desmotivadoras, tais como cobrir as vogais, os numerais, o nome da criança ou desenhos, por exemplo.

Na década de 1980, os educadores passaram a ter acesso às pesquisas de Emilia Ferreiro e Ana Teberosky, que propunham atividades em que as crianças tinham que refletir antes de darem a resposta. Estas autoras apresentaram estudos como instrumento de entendimento da evolução das produções infantis para que as crianças, a partir daí, pudessem avançar, embora, muitas vezes, essas atividades sejam empregadas apenas como forma de se constatar o nível de aprendizagem em que se encontram as crianças.

O educador pode iniciar o aprendizado da língua escrita com as crianças apresentando o nome delas e mostrando quais são as letras do alfabeto que compõem este nome. Depois, o professor pode mostrar quais são as letras que formam o nome dos colegas, isto é, das demais crianças da turma.

Num outro momento, o professor pode mostrar diferentes objetos da sala de aula e solicitar que os alunos digam os nomes de cada objeto. Num outro momento, o educador deve pedir que pensem com que letra do alfabeto começa o nome de cada objeto e orientar os alunos para que cheguem à resposta.

Outra atividade que pode ser utilizada pelo professor é falar um fonema e solicitar que determinado aluno apanhe um objeto da sala cujo nome tenha a letra que representa esse fonema. Depois solicitar aos outros alunos que façam o mesmo. Outra sugestão é trabalhar com o alfabetário que pode ser confeccionado com tecido (brim) ou com TNT. O professor costura seis bolsas e depois uma letra do alfabeto por cima de cada bolsa. Depois de pronto, o educador solicita a cada aluno que escolha um objeto bem pequeno da sala de aula e coloque dentro da bolsa correspondente à letra que o professor disser. Ele pode confeccionar o número de bolsas correspondentes ao número de letras do alfabeto para trabalhar todas elas.

O educador pode também solicitar que as crianças copiem as letras do seu nome utilizando a pintura a dedo. Ele pode pedir ainda que pesquisem as letras do seu nome e as demais letras do alfabeto em revistas ou jornais, recortem e colem numa folha de papel.

Outra proposta é as crianças fazerem uma colagem com barbante colorido formando as letras do nome de cada colega e depois com as letras do alfabeto.

Ele pode também construir um material: letras em lixa, cujo objetivo é o de preparar os alunos para a escrita das letras do alfabeto, mostrando por onde se deve iniciar a escrita de cada uma delas. Para tal, o professor deverá adquirir 26 placas de eucatex de 17x22cm ou 26 pedaços de lixa do mesmo tamanho. Recortar e colar 26 pedaços de lixa do mesmo tamanho, não muito grossa, número 80 ou número 100, eucatex ou papelão. Em seguida, recortar 26 pedaços de cartolina branca ou papel-cartão, moldando com a tesoura as letras no centro de cada placa, de modo que fiquem vazadas. Escrever e recortar as letras do alfabeto em cartolina colorida (colorset), de preferência de uma cor forte, como verde ou azul escuro, por exemplo – evitar fazer na cor amarela, pois esta é mais difícil de o aluno visualizar. Estas letras de colorset deverão ser encaixadas na cartolina branca ou no papel cartão e deverão ser retiradas.

Inicialmente, o professor deve retirar cada letra colorida, uma de cada vez, e passar o próprio dedo sobre a lixa, mostrando o movimento por onde se deve iniciar a escrita da letra. Em seguida, pedir a cada criança, individualmente, que repita o que foi feito, sempre com a orientação do professor.

VIII

A importância do contato com os livros na Educação Infantil

A leitura e a escrita constituem práticas culturais, isto é, atividades realizadas por grupos humanos com propósitos determinados pelas necessidades próprias de seus contextos específicos. Isto explica porque, em distintas épocas, os conceitos sobre o que significa ler e escrever têm mudado, assim como os propósitos pelos quais se lê e se escreve, as formas de fazê-lo e as formas de "ensiná-lo".

No contexto atual, saber ler e aprender a ler, inclusive na Educação Infantil, é ler livros e uma diversidade de textos. Documentos, espaços virtuais, jornais, dicionários e muitos outros todos fazem parte da paisagem do cotidiano da cidade e das necessidades das pessoas – também das crianças – para atuar em suas vidas cotidianas.

Do mesmo modo, saber escrever e aprender a escrever é produzir textos em situações reais de comunicação, as quais ocorrem numerosas vezes por dia e com propósitos variados. Atualmente, a leitura e a escrita são atividades intelectuais e culturais de alto nível, cujo principal objetivo é a compreensão e a produção de sentidos, e não são apenas habilidades preparatórias para adquirir novos conhecimentos. Conseguir que as crianças assumam atitudes leitoras que o mundo moderno exige é um dos principais objetivos da educação brasileira. Para isso, a presença de livros ao alcance das mãos das crianças e a leitura mediada por um adulto são requisitos indispensáveis.

Os estudos revelam que aquelas crianças que em seus lares contam com a presença de diversos textos e famílias com maiores níveis de escolaridade, que utilizam a linguagem escrita de forma cotidiana e com distintos propósitos, têm mais possibilidades de conseguir melhores aprendizagens. Ao contrário, observa-se que em setores menos favorecidos, cujas famílias não possuem livros e outros materiais letrados e, portanto, não possuem modelos familiares para sua utilização, encontram-se em desvantagem em relação a suas competências linguísticas. Desse modo, nos setores desfavorecidos a presença de livros e outros textos nas salas de aula e os modelos de utilização por parte dos adultos são necessidades primordiais.

Uma terceira ideia que fundamenta a necessidade de equipar os espaços educativos com variados livros desde bem cedo, ou seja, desde a primeira turma de Educação Infantil, é aquela na qual a leitura não consiste somente em "sonorizar signos"; ela é fundamentalmente um ato durante o qual o leitor mobiliza sua inteligência com o fim de construir os sentidos de um texto. Durante a leitura o leitor, a partir das "chaves" do contexto e do texto, ativa seus conhecimentos e as experiências para consegui-los durante esse processo, estabelece relações, antecipa o conteúdo do texto, formula hipóteses, realiza inferências, formula perguntas, elabora e reelabora respostas (operações intelectuais). Iniciar a linguagem escrita é muito mais do que aprender as letras e reconhecer palavras; é aprender a construir os sentidos de um texto, a apreciá-los, criticá-los ou recriá-los; é entrar em um mundo infinito de conhecimentos, aprender a perceber uma situação comunicativa, a descobrir as sutilezas da linguagem, a detectar como as marcas específicas dos textos permitem comunicar significados. Iniciar a linguagem escrita, mesmo que ainda não se saiba decodificar, é aprender a seguir e a compreender os vestígios que o ser humano vai deixando por meio de suas experiências, suas criações, suas reflexões.

As crianças colocarão em jogo estas operações intelectuais que foram mencionadas anteriormente sempre que as experiências os têm levado a compreender que o desafio do ato de ler é a construção de significados. Desse modo, os primeiros contatos com a linguagem escrita ou o ensino inicial da leitura e da escrita focam-se no "mecanismo da leitura e da escrita de palavras"; as crianças não estão no tempo de enfrentar a complexidade do ato de ler, nem de construir as competências mencionadas.

Construir uma competência complexa é enfrentar todos os elementos que fazem parte da referida complexidade. Dessa forma, para que uma criança aprenda a compreender e adote uma atitude leitora adequada, é necessário que um adulto sempre leia para ela, possua um nível de complexidade que a desafie a construir significados, enfrentando, desde o início, textos simbolicamente ricos que gerem "conflitos" de interpretação. Quando o educador lê livros ou outros materiais impressos para as crianças, enfrenta permanentemente o desafio de construir significados de textos complexos. Essa atitude é gradualmente interiorizada pela criança, como comportamento ativo diante da leitura. O contrário ocorre quando os textos são precários ou sem sentidos complexos e interessantes. Neste caso, as crianças adquirem comportamentos passivos e encontram mais dificuldades para inferir e antecipar o conteúdo do texto.

De maneira coerente com conceitos de leitura e escrita considerados, a entrada das crianças na linguagem escrita requer o estabelecimento de uma dinâmica cultural na sala de aula. Isto implica que elas vivam as leituras e a escrita num ambiente culturalmente estimulante, no qual percebam múltiplos convites por parte dos educadores que as levem a ter contato com a linguagem escrita, a utilizá-la com variados propósitos (projetos, textos diversos, passeios, investigações, exposições, leituras diversas, rodas de leitura) e a experimentar os desafios que a linguagem coloca quando é utilizada em situações reais.

Estabelecer na sala de aula uma dinâmica de aprendizagens culturais, ou dinâmicas culturais, implica criar algumas condições, tais como as que seguem brevemente nos parágrafos:

1) oferecer oportunidades às crianças para utilizar e enriquecer a linguagem oral e escrita;

2) construir culturas referentes comuns ao conjunto de crianças;

3) conseguir que as crianças construam uma cultura do material impresso e que tomem consciência das marcas da linguagem escrita;

4) ensinar-lhes a ler em redes;

5) ensinar-lhes a escrever em redes;

6) realizar dissertações;

7) realizar exposições;

8) equipar o espaço educativo com livros e outros textos.

Nesta perspectiva cultural, a vida cotidiana da turma oferece oportunidades a cada criança para utilizar a linguagem com diferentes funções: expor, informar, debater, conversar, dar instruções, narrar. Por exemplo, durante a realização de projetos, as crianças tomam a palavra em contextos reais para organizar as atividades, regulá-las, avaliar as produções, socializar com os outros as formas diversas de realizá-las. Eles tomam as palavras em contextos imaginários: por exemplo, para comentar os contos, criar histórias e diálogos de personagens. Desse modo, o trabalho em projetos ou investigações abre espaços para que as crianças leiam e escrevam com propósitos variados também nos contextos reais e imaginários.

Esta dinâmica cultural, necessária para a aprendizagem da leitura e da escrita, aponta para a construção coletiva de referentes culturais comuns com as crianças, os quais reforçam sua capacidade de observação na medida em que enriquecem as diferenças que lhes permitem ver, nomear e compreender o mundo de maneira cada vez mais rica e complexa. Dessa forma, as crianças desenvolvem conhecimentos precisos sobre o corpo humano, animais e plantas, o universo, as máquinas, a cidade e outros âmbitos do entorno natural e social. Tudo o que contribua positivamente para o enriquecimento de seu corpo linguístico e, de maneira relevante, para sua compreensão leitora.

Por outro lado, cabe ressaltar que as ocasiões de comunicar suas aprendizagens sobre o mundo provocam muito prazer nas crianças, constituindo um excelente vínculo com a família dado que, ao revelar seus avanços cotidianamente, provocam nos pais surpresa e satisfação e os levam a descobrir a importância de favorecer estas novas inquietudes de seus filhos, fora da escola.

A diferença de iniciar a linguagem escrita a partir de uma dinâmica cultural aponta para que as crianças possuam uma cultura de material impresso, isto é, de livros, muito cedo. Isto significa que elas aprendem a diferenciar os tipos de textos e suas funções, por meio de suas marcas externas. Por exemplo, que elas distingam o quanto de informação há num livro, reconheçam autores, coleções, editoras: um dicionário como um texto para buscar o significado das palavras ou um livro documental para obter informação sobre algum tema específico.

A cultura do material impresso também permite às crianças enfrentarem e compreenderem gradualmente o sentido da diagramação dos textos, sua estrutura, a identidade ortográfica das palavras, a pontuação, entre outros. Dessa maneira, se as crianças apenas tomam contato com textos simplificados, elaborados especialmente para efeitos de ensino, elas não atribuem importância às referidas marcas linguísticas e não desenvolvem uma percepção consciente de sua variedade e complexidade e do real funcionamento da linguagem, enfrentando sérias dificuldades para sua compreensão quando cursam níveis superiores.

De acordo com esta perspectiva cultural, alguns autores propõem que as crianças aprendam a ler em redes. Isto implica levá-las a estabelecer relações entre o texto que elas estão lendo e outros anteriormente lidos, depositados na memória cultural do leitor. Por exemplo, estabelecer relações entre os autores, as ilustrações às coleções, os tipos de textos, os temas abordados, os conhecimentos aprendidos, os tipos de personagens, as formas em que os personagens são renomados, as formas de narrar as histórias, os tempos em que as histórias ocorrem, as opções de enumeração. É também estabelecer relações entre o que ocorre na narração e as próprias experiências de vida.

Estas atitudes nas crianças, como estabelecer relações, comparar e criticar, constituem os pilares das competências leitoras, mobilizam sua inteligência e superam a literalidade dos textos para tecer os sentidos e construir os significados. Ao mesmo tempo, o exercício deliberado e sistemático de estabelecer todo tipo de relações entre textos e as experiências pessoais do leitor facilita a construção de uma memória literária estruturada, constituída pelo conjunto de livros lidos e pelo seu processamento coletivo e individual, os quais são um referente que ajuda na compreensão dos textos em profundidade.

Escrever em redes significa utilizar os conceitos, palavras, expressões ou estruturas observadas nos livros lidos a fim de produzir os próprios textos. Por exemplo, as crianças desenham a ficha de um animal utilizando as categorias observadas em leituras prévias: características físicas, habitat, alimentação e reprodução. Desse modo, consultam um livro sobre animais, lido pelo educador anteriormente, para buscar com a ajuda dos professores o nome de um animal que necessitam mencionar no texto, ou consultam uma parte já conhecida de um atlas para buscar, com o auxílio do educador, o nome de um país ou de uma cidade que querem mencionar no texto que estão desenhando. Os alunos também podem desenhar um conto utilizando a estrutura de outro conto já lido anteriormente. Desse modo, as crianças podem desenhar uma frase fazendo uso do modelo aparecido em um livro já lido pelo educador, mas trocando alguns elementos.

A produção de textos criados pelas crianças e escritos pelo educador, maquetes e desenhos dos alunos devem ser comunicados a alguém. Sendo assim, a exposição das produções dos alunos cumpre um rol fundamental em sua motivação para realizá-las e, ao mesmo tempo, são uma instância de avaliação e de tomada de consciência dos fatores que permitiriam avançar em sua qualidade.

As exposições podem ser muito simples, como colocar em murais na sala de aula algumas produções dos alunos relacionadas com as atividades realizadas, ou podem ser mais complexas e formar partes de projetos que implicam socializar as aprendizagens e produtos com outras crianças da escola, com as famílias e a comunidade.

Desde a Educação Infantil os alunos devem ter contato com livros variados na sala de aula, já que o encontro renovado com as histórias que esses livros contam e o mundo que eles evocam jogaria um rol determinante para abrir, antecipar e acompanhar as aprendizagens da leitura, escrita e construção de toda a aprendizagem. A presença de livros na sala de aula é especialmente decisiva no caso das crianças que não têm essa oportunidade em seus ambientes familiares e comunitários, tanto para a construção de sua identidade psíquica como para sua entrada na cultura.

A leitura cotidiana de contos e outros textos para os alunos da Educação Infantil exercem um impacto muito importante em suas aprendizagens e no desenvolvimento do prazer de ler.

O Cantinho de Leitura deve ficar num local especial da sala de aula. Nele deverá haver livros editados variados e livros confeccionados pelos próprios alunos e por seus familiares que contem a história das famílias, ou quaisquer outras. Além de estantes contendo os livros, deverá haver também um quadro branco ou quadro de giz para ser utilizado pelo educador para a realização de algumas atividades.

Se o espaço permitir, é interessante dispor algumas arquibancadas de madeira de dois ou três degraus, de maneira que as crianças possam se sentar ao redor do educador e dos livros.

Apresentamos a seguir algumas sugestões de atividades que o educador poderá utilizar com os alunos:

1) Encontro diário com os livros
Duração: aproximadamente 10 minutos.
Frequência: uma ou duas vezes por dia.

Nesta atividade é importante que o educador modele sua própria necessidade de ler mostrando aos alunos que lê por prazer, que lê novamente um capítulo de um conto, que necessita consultar um dicionário, verificar o nome de um autor, consultar o sumário de um livro, se este contém a informação que necessita, ver no jornal o aviso de um filme ou de uma exposição etc. É necessário amar a leitura para ensinar os alunos a amá-la.

Instalar o hábito de um encontro matinal ou vespertino de leitura livre e individual. O educador deverá levar os alunos à biblioteca ou à sala de leitura da escola e permitir que vejam os livros livremente, comentem entre eles, perguntem ao educador sobre suas inquietudes, peçam ao educador que leia um determinado livro para eles, uma notícia, uma informação sobre algo que lhes interessa neste momento ou lhes interessou antes. O modelo do educador também leva os alunos a aprenderem a recorrer aos livros em diversas circunstâncias.

A seguir, apresentamos algumas recomendações ao educador:

1) Estabeleça um momento diário em que os alunos, logo que chegarem à sala de aula, encontrem-se livremente com os livros. Para isso, estes devem estar dispostos nas estantes ou em algum sistema que os torne visíveis e atrativos.

2) Durante os primeiros dias, deixe os livros sem uma ordem específica. Mais adiante, ordene-os com os alunos,

perguntando-lhes que critérios se podem usar para isso. Deixe que eles proponham soluções e pergunte sempre por que ordenariam de um modo ou de outro.

3) Enquanto os alunos veem os livros, leia algum também, faça comentários sobre algo do que está lendo que lhe chame a atenção e mantenha-se disponível para responder às perguntas dos alunos.

2) Leitura diária de contos e outros textos

Duração: aproximadamente 15 minutos.

Frequência: todos os dias.

Tradicionalmente na Educação Infantil não existe a consciência suficiente da necessidade de que os alunos se familiarizem com os distintos textos, com suas características, com suas formas de utilização em diversas situações comunicativas e contextos. Atualmente, múltiplos autores promovem a leitura diária e sistemática de livros de narrativa, poesia ou informação. A leitura de contos é um dos momentos mais intensos que pode acontecer na escola, visto que constitui a melhor estratégia para favorecer a imaginação das crianças. No início do ano, à primeira hora da manhã ou da tarde, o educador organiza suas leituras de maneira a proporcionar aos alunos conhecer os distintos tipos de textos que se encontram no Cantinho da Leitura: contos, poemas, livros de informação ou documentários, revistas, jornais etc. O educador lê um dos vários livros para os alunos e relê algum que já levou, mas que os alunos desejam ouvir novamente.

Ler para as crianças um livro ou outro material impresso requer estabelecer uma interação específica e reiterada, que irá sendo enriquecida na medida em que os alunos adquiram novos conceitos e palavras. Esta interação e as atitudes das crianças formam parte de um processo contínuo de aprendizagem da leitura centrada não em imagens ou nos textos evidentes, mas no convite a comprometer-se com uma atividade de mobilização de seu próprio pensamento, a qual o adulto estimula e reflete contribuindo com a construção de significados e referentes culturas comuns.

2.1) Leitura em voz alta: a magia da leitura

Convide os alunos para sentarem-se na rodinha próximos ao Cantinho da Leitura. Leia em voz alta para as crianças, com um volume de voz normal que gere um ambiente de intimidade, imprimindo inflexões de voz que acompanhem o significado do que está sendo lido. Também pode-se trocar ligeiramente o timbre de voz ou a dicção para caracterizar os diferentes personagens. Trata-se de não contaminar a história com uma dramatização excessiva.

Leia mostrando, em todo momento, o texto e as ilustrações para os alunos.

2.2) Construir referências culturais

Leia o título da história, mostre aos alunos a capa do livro e as informações que aparecem: o autor, o ilustrador, a editora. Neste momento ou depois, se lhe parecer pertinente, mostre onde o livro foi publicado, em que idioma, em que ano: comente com eles alguns aspectos a respeito do autor ou autora, do ilustrador ou outros temas que pareçam interessantes. Estes comentários não precisam ser feitos cada vez que se leia um livro, nem tampouco requer serem feitos antes de lê-lo. Deve-se atuar com flexibilidade e buscar o momento propício, por exemplo, quando os alunos solicitem que se leia de novo o mesmo livro, ou quando surjam comentários sobre ele por alguma razão, ou uma vez que termine a leitura e os comentários sobre o que foi lido.

Retome, em outros momentos, estes conhecimentos surgidos da leitura da história; eles constituem as referências culturais comuns ao seu grupo. Estas referências culturais reportam-se, por uma parte, à memória literária, mas também às palavras, conceitos, expressões, temas diversos, às características dos textos etc.

2.3) Aprender a compreender

Pergunte aos alunos de que trata a história depois de terem visto as ilustrações da capa e escutado o título. Pergunte, porque cada vez que uma criança formula sua própria hipótese favorece o intercâmbio de opiniões entre elas. Escute suas reações sobre as ilustrações. Não corrija o que dizem, deixe que as crianças digam seus pontos de vista.

Comece a ler. Mostre as ilustrações de cada página, escutando brevemente suas reações, incentivando-os a formular hipóteses sobre o que vai ocorrer, inferir as razões pelas quais determinados fatos ocorrem, os motivos das atitudes dos personagens. Comente alguns aspectos que pareça necessário esclarecer, pergunte às crianças seu parecer. Não encerre essas trocas dizendo sua própria verdade; deixe que elas vão se construindo coletivamente.

Leia todo o livro. Escute delas reações e pontos de vista a respeito dos personagens, aos seus comportamentos, aos seus sentimentos, a sequência de fatos, suas impressões sobre o final da história.

Retorne ao livro nesse momento ou mais tarde mostrando as ilustrações; abra espaço para que os alunos comentem as vestimentas, os lugares, as atitudes e expressões e solicite-lhes que digam qual a parte da história que mais gostaram de ouvir.

2.4) Ler em redes

Convide-os a comparar a história dos personagens ou as ilustrações ou as experiências deles ao terem escutado outros livros lidos pelos seus familiares em casa. Registre seus comentários por escrito e exponha no mural da sala de aula. Faça cópias das capas dos livros e coloque-as ao lado dos comentários.

O educador deve escolher um dia na semana, como, por exemplo, sexta-feira, para que os alunos levem um livro de história para casa e peçam que algum familiar leia a história para eles. Na segunda-feira, o educador escolherá alguns alunos para contarem a história do livro que ouviram em casa para os colegas na rodinha.

Mantenha o mural da sala de aula com uma listagem com os nomes dos livros e textos lidos e as datas de quando isso aconteceu.

3) Leitura estratégica interativa

Duração: aproximadamente 30 minutos.

Frequência: diária ou várias vezes por semana.

Juntamente com a leitura diária para os alunos, com o objetivo de desenvolver o prazer de ler, é necessário desenvolver estratégias para ensinar-lhes a processar os textos e construir seus significados. Nesse sentido, a "leitura estratégica interativa" é um método baseado fundamentalmente na interação que contribui para ensinar as crianças, a partir de aproximadamente quatro anos, a processar a informação dos textos durante aproximadamente 15 minutos. Esta técnica propõe trabalhar um mesmo texto durante vários dias para centrar-se na aprendizagem de estratégia para compreensão. Para isso, o educador pode selecionar alguns textos que irá trabalhar com os alunos durante períodos mais longos – em torno de 30 minutos diários – e durante vários dias – por exemplo: uma semana ou quinze dias; estes textos devem ser ampliados e copiados, colocados em cartolina.

A "leitura estratégica interativa" consiste num período de duração delimitado, no qual o educador propõe atividades que realiza com as crianças antes, durante e depois da leitura, nas quais elas interagem muito ativamente para processar a informação do texto, para conceitualizar e para construir coletivamente seus significados num ambiente agradável, de confiança e, especialmente, de real atenção e acolhida na expressão dos pensamentos, sentimentos, experiências e pontos de vista de todos os alunos. As estratégias de processamento da informação realizadas antes da leitura contribuem para ativar e enriquecer os conhecimentos e esquemas cognitivos das crianças e colocá-los a serviço do ato leitor, antecipando os conteúdos do texto. As atividades de processamento da informação que se realizam depois da leitura permitem confrasear o discurso com as próprias palavras, elaborar esquemas e organizadores gráficos, dramatizar e produzir outros textos oralmente ou por meio de desenhos a partir do texto lido pelo educador.

Finalmente, a "leitura estratégica interativa" propõe uma minilição que é um momento muito breve, destinado a tomar consciência de determinadas características da linguagem referentes a aspectos fonológicos, ortográficos, sintáticos, semânticos e pragmáticos.

4) "Produção" diária de textos variados a partir do que já foi lido

Quando as crianças "leem" ou "escrevem" um conto com seu educador, eles trocam ideias sobre suas características, as quais se transformam em referentes para a próxima leitura ou para uma próxima produção de contos; o mesmo ocorre com as cartas, as informações científicas, os poemas, as notícias e todo tipo de textos.

A produção de textos diversos e a construção de modelos textuais na Educação Infantil pode ser aprovada pelo educador, temporariamente, a partir de quatro modalidades distintas:

4.1) Escrita em voz alta

É uma atividade permanente durante momentos diversos da jornada diária, por meio da qual o educador oferece um modelo de escrita experiente diante dos alunos, quando escreve no quadro branco ou quadro de giz, nos cadernos ou numa folha de papel AP24 ou papel pardo. Durante esta atividade, ele explicará em voz alta as marcas da linguagem escrita que permitem expressar significados, assim como os aspectos formais referentes à ortografia, à caligrafia ou à diagramação. Estes momentos de modelagem também são ocasiões para o educador transmitir o interesse pela linguagem escrita, a precisão para utilizá-la, o gosto pelo encontrar as palavras e expressões precisas, a sintaxe mais adequada e o prazer de produzir textos cada vez mais ricos e melhor estruturados.

4.2) Escrita compartilhada

Consiste em os alunos produzirem textos em situações reais de comunicação, a partir da estratégia de ditá-los a um adulto, que modela a forma de fazê-lo, explicando as marcas e características específicas da linguagem que servem para expressar um significado numa determinada situação. Dessa forma, as crianças temporariamente começam a construir modelos textuais – são estimulados a construir modelos como na produção de textos –, que adquirem níveis progressivos de complexidade ao enfrentarem desafios progressivamente mais complexos, com graus crescentes de independência. Por exemplo: durante um projeto de correspondência escolar, os alunos ditam para o educador uma carta para os alunos de outra escola.

4.3) Escrita com descrição

Refere-se às oportunidades em que o educador convida as crianças a produzir textos apoiando-se em palavras, orações e outros textos similares que estão à vista das crianças. Por exemplo: se tem lido e trabalhado uma descrição dos tigres, podem escrever a descrição de um leão a partir das categorias aprendidas na descrição do tigre. Dessa forma, tem-se realizado uma constelação de palavras relacionadas com um personagem de um conto, por exemplo, colocado no mural da sala de aula, e os alunos são estimulados a escrever uma descrição do personagem, utilizando palavras e expressões que estejam ao seu alcance.

4.4) Escrita com independência

Esta estratégia desenvolve-se respondendo a contextos distintos gerados ao longo do trabalho realizado, inseridos no currículo, que convidam as crianças a escrever de maneira individual, realizando seus objetivos gradualmente, até chegar à escrita alfabética, a qual se ensinará sistematicamente nos primeiros anos da Educação Básica. Esta modalidade pode ser livre, mas também pode ser mediada pelo educador para facilitar a construção gradual das aprendizagens esperadas.

5) Ler, escrever e brincar com a linguagem para desenvolver a consciência fonológica e as destrezas para a decodificação

O desenvolvimento da consciência fonológica, o reconhecimento das letras e outra série de destrezas para a decodificação podem ser trabalhados a partir dos contextos proporcionados pelos livros lidos.

Algumas sugestões:

- Apoiar-se em palavras e expressões presentes nos livros lidos para criar outras novas. Por exemplo:

Esta galinha
Se chama Gina,
Este hipopótamo dorminhoco
Se chama Tinoco.

Os alunos acrescentam:

Esta elefanta bailarina
Se chama Catarina.

- Igual ao caso anterior, escrever uma fórmula encontrada num livro buscando nomes de animais nos livros consultados anteriormente, e nomes de pessoas, por exemplo, na lista dos nomes dos alunos da turma. Por exemplo:

Este leopardo se chama Bernardo,
Esta vaquinha se chama Rosinha.

- Destacar palavras que começam ou terminam com um determinado som.
- Destacar palavras com diferentes números de sílabas.

6) Ler com a família

Introduzir a família no mundo da leitura, da literatura, da cultura escrita, é um objetivo importante da escola que favorece a equidade educativa. A investigação constata o impacto positivo que exercem os modelos de utilização da linguagem das famílias sobre as aprendizagens das crianças. Sabe-se que aquelas crianças cujos pais leem contos, comentam suas leituras e os fatos culturais e falam sobre a linguagem, têm, em geral, melhores resultados escolares. Isto leva a pensar na necessidade de integração destas atividades leitoras com a finalidade de fomentar o gosto pela leitura, de apoiá-las a melhorar suas competências leitoras, valorizar a importância da leitura e oferecer modelos de como ajudar seus filhos neste campo.

Por isso, é importante incorporar as famílias nas atividades relacionadas com a leitura e a escrita. Pode-se convidá-las para assistirem as aulas, para sessões de leitura, de dramatização, de dissertação, propondo-lhes que leiam contos, poemas, notícias e outros textos para seus filhos.

6.1) Convidar a família para compartilhar as atividades de leitura na sala de aula

Somente a presença de mães ou pais na sala de aula durante as atividades relacionadas com a leitura e a escrita constitui, desde já, uma ferramenta para alcançar os objetivos elaborados. Também são interessantes os pais, mães ou avós lerem para as crianças na sala de aula; solicitar-lhes que ajudem as crianças a prepararem sua leitura para o dia seguinte. Pedir-lhes que leiam uma história à noite ou no fim de semana. Convidá-los para participarem das rodas de leitura com outros "procuradores"; organizar oficinas de leitura consistentes em aprender a "ler" em voz alta contos e outros textos etc.

6.2) Emprestando para levar para casa

É importante que os alunos possam levar livros para suas casas com a finalidade de compartilhar com seus pais e familiares suas leituras. Para tal, é fundamental que eles disponham de uma pasta especialmente preparada para isso, de maneira a evitar a deteriorização dos livros. Também é conveniente contar com um quadro ou livros de registros, no qual os alunos podem mostrar e o educador anotar os livros que estiverem sendo lidos pelos familiares e pedir que os pais contem que impacto a leitura causou.

Referências

BRASIL/Ministério da Educação e do Desporto (1998). *Referencial Curricular Nacional para a Educação Infantil.* Vol. 3. Brasília: MEC/SEP.

BROOKS, J.G. (1997). *Construtivismo em sala de aula.* Porto Alegre: Artes Médicas [Trad. de Maria Aparecida Kerber].

BUITONI, D.S. (1988). *Quintal mágico* – Educação – Arte na pré-escola. São Paulo: Brasiliense.

CAMARGO, L. (org.) (1989). *Arte-educação*: da pré-escola à universidade. São Paulo: Nobel.

CARVALHO, S.; SILA, S. & GASTALDI, V. (2001). "Conteúdos: Quais, quando e quanto de cada?" *Avisa lá* – Revista para a Formação de Professores de Educação Infantil e Séries Iniciais do Ensino Fundamental, 5.

COOL, C. (1998). *Os conteúdos na reforma* – Ensino e aprendizagem de conceitos, procedimentos e atitudes. Porto Alegre: Artes Médicas [Trad. de Beatriz Affonso Neves].

DERDYK, E. (1989). *Formas de pensar o desenho* – Desenvolvimento do grafismo infantil. São Paulo: Scipione.

FERREIRO, E. & TEBEROSKY, A. (1999). *Psicogênese da língua escrita*. Porto Alegre. Artmed.

FONTOURA, M. & SILVA, L. (2001). *Cancioneiro folclórico infantil*: um pouco mais do que já foi dito. Curitiba: Cancioneiro.

FREIRE, M. (1983). *A paixão de conhecer o mundo*: relatos de uma professora. Rio de Janeiro: Paz e Terra.

FRIEDMANN, A. (2006). *O brincar no cotidiano da criança*. São Paulo: Moderna.

FUKS, R. (1991). *O discurso do silêncio*. Rio de Janeiro: Enelivros.

GARDNER, H. (1994). *A criança pré-escolar*: como pensa e como a escola pode ensiná-la. Porto Alegre: Artes Médicas.

GOODMAN, Y. (1990). O desenvolvimento da escrita em crianças muito pequenas. In: GREIG, P. (2004). *A criança e seu desenho*. Porto Alegre: Artmed.

KRAMER, S. (1995). *A política do pré-escolar no Brasil*: a arte do disfarce. São Paulo: Cortez.

LDB (1996). *Lei 9.394*, de 20/12/96, que "Estabelece Diretrizes e Bases da Educação Nacional" [Disponível em HTTP://www.planalto.gov.br/ccivil_03/Leis/L9394.htm].

LISBOA, A.M.J. (2001). *Correio Brasiliense*.

_____ (1998). *O seu filho no dia a dia*: dicas de um pediatra experiente. Vol. 3. Brasília: Linha Gráfica.

MACHADO, A.M. (2001). *O tesouro das cantigas para as crianças*. Rio de Janeiro: Nova Fronteira.

MACHADO, J.L.A. (2008). *O dilema da primeira infância no século XXI*: brinquedos ou computadores? [Disponível em www.planetaeducacao.com.br].

MACHADO, M.L. (1991). *Pré-escola não é escola* – A busca de um caminho. Rio de Janeiro: Paz e Terra.

MELLO, F. & LAKATOS, S. (2004). "Brincar é preciso". *Revista Educação Infantil*. São Paulo: Segmento.

MÈREDIEV, F. (1994). *O desenho infantil*. São Paulo: Cultrix.

MINISTÉRIO DA EDUCAÇÃO/FUNDAÇÃO ROBERTO MARINHO (1992). *Professor da pré-escola*. São Paulo: Globo.

MORAES, M.C. (1997). *O paradigma educacional emergente*. Campinas: Papirus.

OSTETTO, L.E. (org.) (2000). *Encontros e encantamentos na Educação Infantil*: partilhando experiências de estágios. Campinas: Papirus.

PIAGET, J. (2003). *Seis estudos de psicologia*. Belém: Forense Universitária.

REGO, T.C. (1999). *Vygotsky*: uma perspectiva histórico-cultural da Educação. Petrópolis: Vozes.

RIPOLL, D.O. & CURTO, R.M. (2004). *Jogos de todo o mundo*. Lisboa: Âncora.

TADEU, E. (2001). *Pandalelê* – Brinquedos cantados. Belo Horizonte: Palavra Cantada [livro e CD].

VYGOTSKY, L.S. (1989). *Aprendizado e desenvolvimento*: um processo sócio-histórico. [s.n.t.].

WINNICOTT, D.W. (1982). *A criança e o seu mundo*. Rio de Janeiro: Guanabara Koogan.

www.portalmec.gov.br

www.sitededicas.uol.com.br

Índice

Sumário, 5

Apresentação, 7

I. Criando um ambiente adequado e acolhedor, 9

  1 O trabalho com cantinhos, 9

    1.1 Ambientação, 22

    1.2 Introdução à Matemática, 24

    1.3 A brinquedoteca, 34

      1.3.1 A importância do trabalho com o lúdico, 34

II. Outros ambientes educativos dentro da escola, 41

  2 Trabalhando a psicomotricidade, 43

    2.1 A música na Educação Infantil, 45

      2.1.1 Brincadeiras de outros países, 66

      2.1.2 Trabalhando o equilíbrio, 68

      2.1.3 Motricidade para o desenvolvimento corporal, 69

      2.1.4 Linguagem: vocabulário, 70

      2.1.5 Artes e atividades de recorte e colagem, 71

      2.1.6 Estágios do recorte, 79

      2.1.7 As fases do grafismo infantil, 79

2.1.8 As fases do desenvolvimento infantil segundo Piaget, 80

2.1.9 Trabalhando a cidadania, 82

2.2 Orientações para a organização do tempo, 82

2.2.1 Critérios para organizar a jornada, 83

2.2.2 Organização da jornada, 91

2.3 O processo de planejamento, 103

2.3.1 Planejamento pedagógico, 103

2.3.2 A pedagogia de projetos, 103

2.3.3 Critérios gerais para o planejamento, 105

2.3.4 Planejamento dos períodos variáveis, 113

2.4 Anamnese, 135

2.5 Avaliação das aprendizagens esperadas, 144

2.5.1 Experiências de aprendizagem, 147

III. O período de adaptação do aluno à escola, 165

IV. A organização do currículo e a formação para um mundo globalizado e plural, 167

V. A utilização da informática na Educação Infantil, 179

VI. Como trabalhar os sentidos, 185

VII. A língua escrita na Educação Infantil, 191

VIII. A importância do contato com os livros na Educação Infantil, 195

Referências, 219